那达慕

巴义尔 著

内蒙古人民出版社

图书在版编目（CIP）数据

那达慕 / 巴义尔著 . — 呼和浩特：内蒙古人民出版社，2019.8

ISBN 978-7-204-16035-8

Ⅰ. ①那… Ⅱ. ①巴… Ⅲ. ①那达慕大会 Ⅳ. ① K892.312

中国版本图书馆 CIP 数据核字（2019）第 177467 号

那达慕

作　　者：巴义尔
责任编辑：王继雄　杨显文　徐飞
责任印制：王丽燕
封面设计：北京风信子文化传媒
出版发行：内蒙古人民出版社
地　　址：呼和浩特市新城区中山东路 8 号波士名人国际 B 座 5 楼
网　　址：http://www.impph.cn
印　　刷：内蒙古恩科赛美好印刷有限公司
开　　本：710 × 1000　1/16
印　　张：15.5
字　　数：220 千
版　　次：2019 年 8 月第 1 版
印　　次：2019 年 8 月第 1 次印刷
印　　数：1-3000 册
书　　号：ISBN 978-7-204-16035-8
定　　价：68.00 元

如出现印装质量问题，请与我社联系。
联系电话：（0471）3946120　3946173

序

摄影家巴义尔经过精心筹备，现在推出图文《那达慕》以飨读者。

巴义尔的生活目标，就是用镜头记录人生百态。作为蒙古族人民的儿子，他对蒙古族人民、文化的深情，是浸透在他的大量图片和文字当中的。这不用我多说，读者诸君自会感受到。

这些画面合成整体，传递了多重意思：体现了摄影家的担当，表达了一个民族文化上的自觉和认同，又在展示自身文化特质的同时，彰显了文化多样性对于人类社会的安全和发展所具有的重要意义。只有热爱自己文化的人，才懂得尊重进而欣赏他人的文化，也才会有更为包容的胸怀，达成“美美与共”的崇高境界。

就这个意义上说，《那达慕》将是文化间沟通的桥梁。

是为序。

中国社会科学院学部委员、学部主席团成员、文哲学部主任
中国社会科学院民族文学研究所所长、研究员
国际哲学与人文科学理事会（CIPSH）主席
朝戈金
2019 年夏

目录

蒙古国绘画《那达慕》

一、漫话那达慕

天高云飘望远霞
风吹草低见文化

那达慕是生产生活和生存的需要，搏克、赛马、射箭男子三项技艺是力量和智慧的延伸。“一跤定胜负”是超级生存哲学。射箭是狩猎娱乐的需要，也是战斗和演习。骑兵是冷兵器时代的快速反应部队，蒙古人把这个兵种推向了顶峰。那达慕充满了文明元素，并非简单的决出胜负而已。我们无法想象匈奴时期的那达慕是怎样的壮观，也无法想象 1206 年大蒙古国成立时的庆典盛况，但那达慕的三项经典比赛是结结实实地保持了下来。与之相伴的萨满主持、祭天祭地祭祖先、欢乐开怀等核心内容也贯穿至今。

在蒙古语里，那达慕直译是“游戏、娱乐”，先前的名称是“乃—日”，意为“联欢、聚会、友情”，包括多种含义，几个人一起吃饭也叫乃日，一个盛大的集体聚会也叫乃日，它充满着“欢乐、喜庆”的褒义，不同于“开会”。所有关于蒙古人的记载里都包括这个内容。“乃日—那达慕”在很长时间里并用，单用“那达慕”是近代的称呼。如今的那达慕直译为文体大会，主要竞赛项目是搏克（先前称蒙古式摔跤）、射箭、赛马。这三样是以男子竞技为主，也是很长时间以来检验一个蒙古族男人是否智慧、强壮的最直接的方式。当然，后来不断丰富，增加了许多新项目，比如赛骆驼、提水、缝蒙古袍扣子、捡牛粪、打断牛骨比赛、蒙古象棋比赛、沙嘎（羊拐，《蒙古秘史》里写作髀石）比赛等。在北京那达慕里还融入了现代三大球类比赛项目，为了集体参与，还增加了拔河比赛、扔沙包、服饰比赛、儿童说蒙古语比赛、儿童唱歌比赛，等等。总之，以大众参与为主旨，以所在地区特征和条件为出发点，以有利于民族团结、地区宣传、促进经济、弘扬文化为目的，一切形式都可以借鉴。马术、跑道赛马、马戏、选马都成为地方的经济来源和纯娱乐项目。射箭被打枪代替，弹弓仍然是儿童的宝典。奥运会里人与动物合作的项目只有一个：赛马。

今天的那达慕已经成为“传统搭台，综合唱戏”了——商品销售、文艺演出、招商引资、儿童游戏、美术展览、旅游推介、表彰劳模、奖励先进、宣布重大消息、展示新产品、强调最新精神口号等等充满了政治、经济、人文内涵的综合盛会了。甚至延伸出来新的分支：沙漠旅游节、集体婚礼、诗歌那达慕、庙会那达慕、摄影那达慕等等，这就体现了那达慕的包容性。因为其他名称很难把这么多内容涵盖进来：运动会、文艺汇演、经济洽谈会等等都是单项聚会，那达慕可以像草原一样包容囊括。

为什么要比赛摔跤？因为与风雪、牛马打交道时需要力量，还有技巧，更重要的是——战争中这是生死攸关的大事！因为与敌人近距离搏斗时，力量和块头是首要因素。所以，蒙古族人要强壮，有耐力，还要智慧。这符合生物进化规律——适者生存。蒙古族搏克的规则所蕴含的生存与平等理念在今天看起来更令人敬佩。

为什么要赛马？游牧的蒙古族离不开马。放牧要骑马才能走出很远的地方，而不停地行走正是游牧生活的根本特性。马是人类驯化的动物里最聪明、最忠诚的一种。通过赛马能够筛选出最好的骏马，它能够搭载着主人用最短的时间到达目的地。

在很长的历史时期里，距离和速度制约着人类的发展空间，而马的驯化和使用，让人类认识了速度，从而使人类的活动半径大大增加。蒙古族人得天下的一个重要因素就是掌握了速度。在冷兵器时代，骑兵就是快速反应部队，骑兵统治战争局面达千年，直到火药、舰船、现代高科技武器的出现。

射箭呢？同样道理。在近距离角斗之前，早有飞箭过来，置敌人于死地。如果在马上射箭，这个过程会更提前。蒙古族人的箭簇可以使箭飞到数百米外，有各种功能的箭头。力量、速度和准确性决定着杀伤力的大小，所以要比赛，要强化。而和平时期，狩猎同样需要箭术。为了练习箭术，和平时期的蒙古族会集体出猎，既是寻求猎物的需要，也是娱乐和演习的一部分。骑马和射箭是速度与威力的完美结合。当箭用完了，马也到了，就剩赤手空拳了，这时候搏克的能力就派上用场了。

这三项竞技相互关联，产生于生产生活，作用于生产生活，一招鲜，走在先；三招鲜，吃遍天。在蒙古国，搏克冠军有特别的称号：最高者叫“阿布日固”，意为“巨大无敌”；次者叫“扎拿”，意为大象；再者称“那钦”，意为鹰。在日本相扑界，最高级别称为“横纲”，在为数不多的横纲名单里，就有多名来自蒙古国的大力士。

在“靠天吃饭、靠力吃饭”的漫长时期里，人口稀少，相距遥远，与风雪搏斗，与猎物搏斗，与疾病搏斗，与敌人搏斗，个体的强壮非常重要，必须时刻强身健体。另一方面，游牧民族又天生乐观，自信满满，欢乐的心情一定要通过某种形式释放出来。那达慕就是绝好的形式。给老人祝寿、给孩子周岁庆、春季打马鬃和去势、半农半牧地区的粮食丰收等，都可以附带那达慕以丰富聚会内容、扩展欢乐气氛。所以优秀的搏克手、赛马手、射箭手、套马手、歌手、巧手（女性）等都是游牧社会的英雄人物，倍受尊敬。

“那达慕”如今已经成为民族文化符号了，不仅在草原上举行，城市也融入了那达慕；不能赛马就比赛搏克，场地不大就因地制宜；室外不行就在室内，挂上横幅有吃有喝有演出有仪式，同样叫那达慕；远离草原的天津海河、上海浦江、广东海边也出现那达慕的身影，成为新时期民族文化的展现形式。那达慕就像一个文化使者、经济引擎、政治光芒，体现着盛世繁荣，发挥着极其重要的作用。不仅是蒙古民族的聚会，而是融入了所在地区的多个民族成员、多种表达形式、多重含义展示的综合盛会了。

文化和旅游业的结合，为民族文化的发展提供了不可多得的弘扬机会。2018 年，从高层传来顶层设计方案：文化机构和旅游机构合并。一个是精神世界，一个是自然世界，说合也好。词典曰：文化，指人类社会创造的物质、精神财富的总和。人类来源于自然界，于是，谁也离不开谁了。

人们向往多元生态，体味自然，回望历史，加大生活幸福指数，已成为如今深度旅游的趋势。人们除了“听草原”——蒙古歌曲悠扬心动；“看草原”——摄影绘画，还需要更深地了解这片神奇的绿色——“知草原”；还有一部分人能够达到文艺顶峰——“见草原”。这个见即是现，这里取其“再现”之意，便不是简单的看或听，要有感而发，发而不同凡响。

我曾写过《草原——艺术的超市》一文："草原产生了大量的作家、画家、电影家、音乐家，如今，摄影家更是不胜枚举。到这里来的政治家、军事家也都深陷草原之魅，留下足迹和光影。草原就像一个巨大的文化艺术超市，每个来者都徜徉其中，按需而取，每每又总是满载而归。"

当今文化的概念与外延不断扩大，跨界文化的融合成为大趋势，各个领域之间的壁垒逐渐消融，各自的长项不断结合，显现互通互利、强强联合、共同发展之势。

文旅时代的草原和民族文化将如虎添翼。人们看到的不仅是绿色的草海，还有那草丛深处的文化。

温饱而思远。顺便说一下，如今进入大众摄影时代，无论专业与否，拍照已经成为人们旅行的乐趣之一，那达慕就是一个"摄影富矿"，只要你敢来参加那达慕，保证你满载而归，回味无穷。对作家、画家也是同样的。即使在草原上发呆，也是畅想无限，心旷神怡。草原是待读的文化，那达慕是民族文化金字塔的塔尖。

往昔风吹草低见牛羊，而今风吹草低见文化。

阿拉善曼德拉山岩画上的骑马、射箭图案。（2013 年）

穿越戈壁传送清朝邮件的蒙古人（载 1894 年 8 月 11 日《伦敦新闻画刊》）

蒙古国发行的那达慕邮票。

绘画《蒙古的一天》里面包含着那达慕的内容。（2004 年）

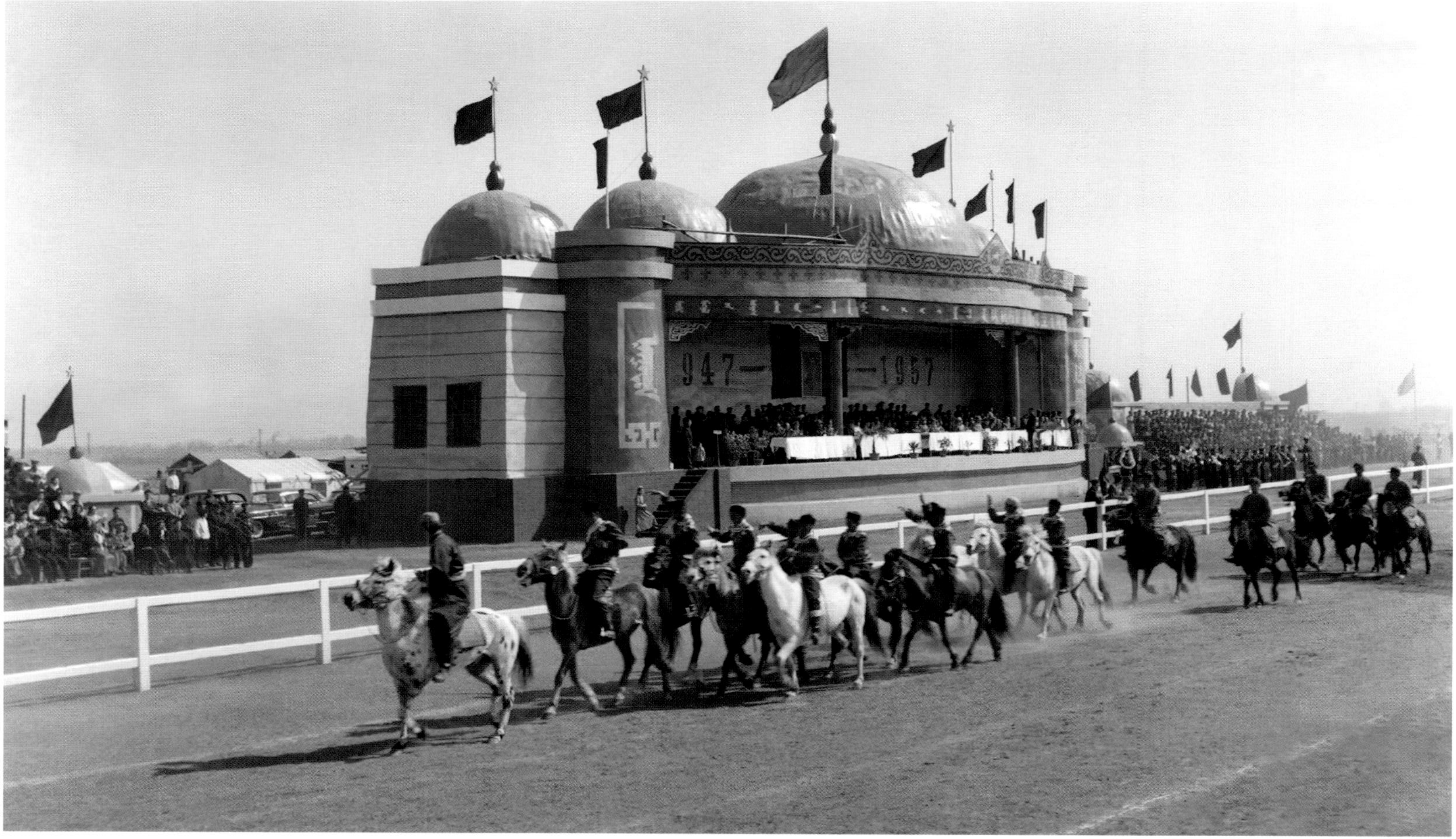

内蒙古自治区成立十周年（1947—1957）那达慕。（文凯　供图）

2019 年“四季乌珠穆沁”金秋那达慕暨搏克超级联赛总决赛开幕式。（布和毕力格　摄影）

2004 年蒙古国国庆时仪仗队护送九斿白纛（苏勒德）进入那达慕会场。

蒙古国经常举办大型那达慕、赛马活动。

2008 年东乌珠穆沁旗那达慕花斑马队入场。通拉嘎摄影

2011 年正蓝旗那达慕。诺敏·何摄影

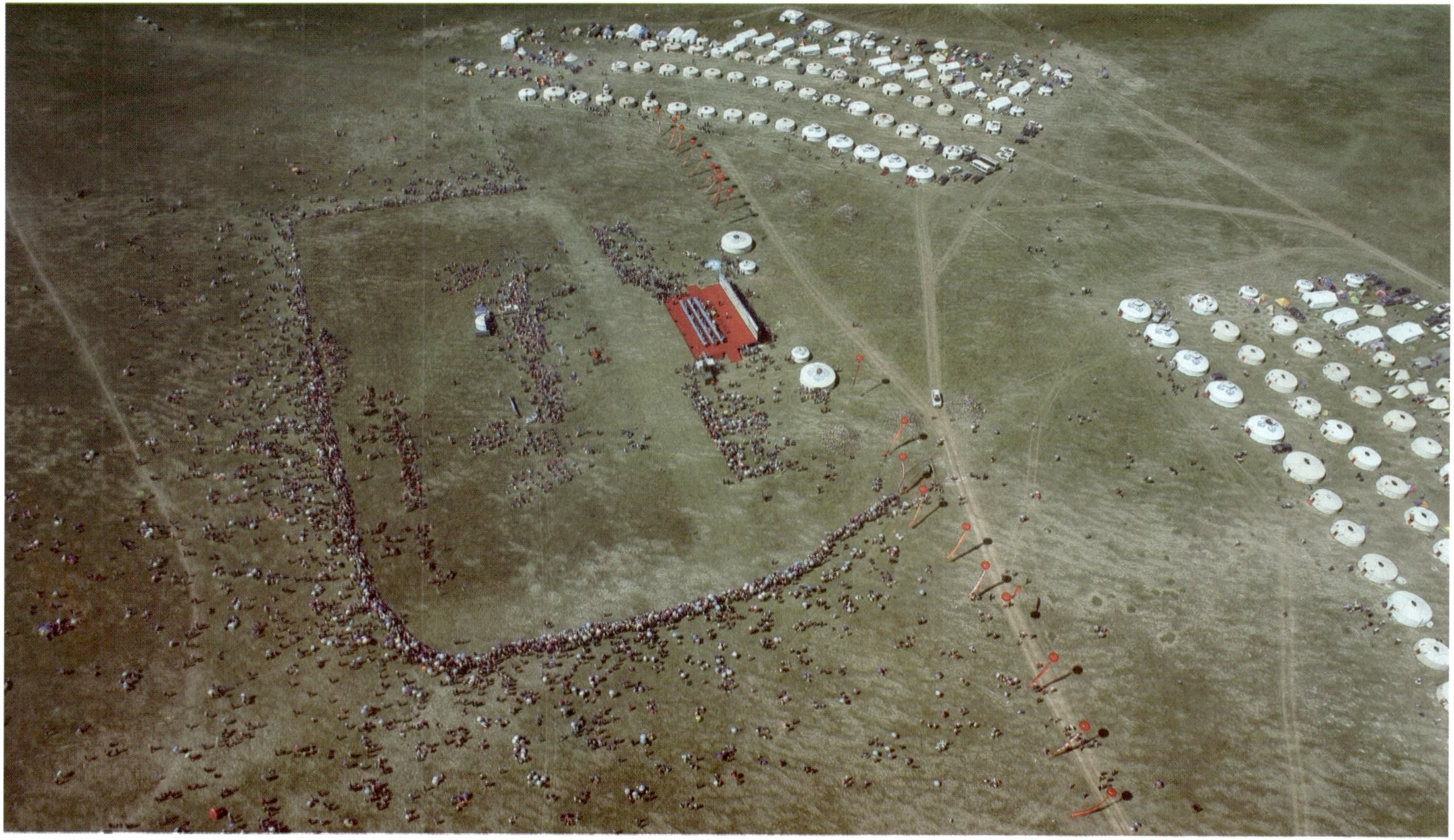

2013 年青海海西那达慕。乌席勒摄影

2016 年第 36 届北京那达慕在中央民族大学举办。

2006 年东乌珠穆沁旗建旗 50 周年那达慕。吴运生摄影

2012 年锡林郭勒那达慕。裴国庆摄影

2010 年首届鄂尔多斯国际那达慕暨第七届内蒙古自治区少数民族传统体育运动会开幕式。

马队入场。1997 年内蒙古自治区成立 50 周年大庆。

左：高人一等。　中上：1982 年扎鲁特旗那达慕的观众。　中下：1984 年北京那达慕的观众。　右：1982 年北京那达慕请柬。

2018 年大连沙滩搏克节。白永青供图

左：2006 年阿拉善盟那达慕开幕式上点燃“珠拉”（圣火）。文凯摄影

右上、下图：2012 年中蒙俄三国布里亚特人那达慕入场式。常胜杰摄影

2006 年呼伦贝尔鄂温克族自治旗的敖包山下举行冬季那达慕，通常祭敖包仪式与那达慕是同步进行的。

2009 年呼伦贝尔冬季那达慕。柏青摄影

2010 年新疆禾木喀纳斯冬季那达慕。陈岭摄影

2010 年新巴尔虎左旗吉布胡朗图苏木牧民乌仁巴图为庆贺孙儿 1 周岁举办家庭那达慕。常胜杰摄影

左：2008 年科左后旗一位老人庆贺 80 大寿举办家庭那达慕。韩伟林摄影
右上：蒙古民间刺绣：幸运风马。
右下：东乌旗牧民金光作品：蒙古男子三技：骑马、射箭、捷克。2006 年

2017 年奈曼旗利用沙漠资源举办的蒙古族集体婚礼是那达慕的延伸形式。哈斯摄影

2018 年奈曼旗利用沙漠资源举办的 56 个民族集体婚礼也是那达慕的延伸形式。哈斯摄影

左上：2018 年第二届广东惠州海上那达慕举行成吉思汗塑像揭幕仪式。苏娜摄影

左下：2018 年四川蒙古族代表向海上那达慕祝贺。苏娜摄影

右：2018 年第二届广东惠州海上那达慕祭海船。苏娜摄影

左上图 1984、左下图 2011 年天津市那达慕。迟英杰供图

右上：1986 年沈阳首届那达慕。佟立供图　右下：2017 年哈尔滨那达慕。

2007 年、2008 年新疆巴州第四届、第五届（左图）东归那达慕。
确·胡热摄影

2016 年甘肃肃北县第七届那达慕。佟格勒格摄影

2012 年贵州马干山草原上的彝族和蒙古族共同娱乐。敖力召摄影

2012 年甘肃肃北蒙古族自治县那达慕。鹰鸽摄影

铁改余家族和贵州蒙古族参加 2018 年四川那达慕。其力木格摄影

当初学习说蒙古语的小男孩伊儒乐如今是北京大学的学生。2017 年

左上：1981 年北京那达慕。

左下：1984 年北京那达慕学生方队。

左上起：2013 年那达慕上的蒙古国青年。
2015 年拿着马嚼子参加那达慕的锡林郭勒儿童。
沐浴凉爽，2004 年蒙古国国庆那达慕上的父子。
左下：踢球的男孩，传统的教育是潜移默化的。2018 年

2011 年青海海西州那达慕会场。那仁居格摄影

2013 年乌兰巴托的赛马场里一群骆驼在悠闲地漫步。

2013 年西乌旗冬季那达慕营造了电影画面般的场景。

超鲁作品《样样有余》。那达慕就是富足生活的折射。

1985 年蒙古人民共和国年历。

二、搏克

搏克蕴含着简单深刻的生存哲学
从“蒙古式摔跤”升华为“搏克”

那达慕已经成为民族文化符号了，大家不会去迷茫于名称的真实含义，正如卡拉OK、NBA、CD、GDP等一样，成为集体共识，欣然接受使用。倘若改成“蒙古族的聚会、运动会、贸易洽谈会、文艺表演会、民俗展示会、儿童欢乐会”之类，不仅范围狭窄，难以涵盖、难以记忆和传播，其民族特征也荡然无存。所以，一个民族文化符号的形成至少在传播学意义上讲是极为重要的。为了叙述方便，我们姑且分为“普通名称”和“符号化的名称”。

同理，“搏克”也是当今很短的时间里我们看到了从普通名称到符号化的形成过程，而在很长时间里，它是以“蒙古式摔跤”的名称出现的。“搏克”在蒙古语里就是“坚固”、“结实”的意思，用在摔跤上，也表明自己是不倒的，坚如磐石的。毫无疑问，任何民族都有这样美好的愿望。所以，蒙古人名里叫“布和、布赫、布克、博和”的特别多，意思都一样。

名称的形成可以简单分为“自然形成、推动形成”。前者是经过漫长的历史时期和反复修正，在民间形成客观上的“约定俗成”，大家也就接受了，甚至某些名称还带着瑕疵，但因为已经牢固地深入人心，大家知道它的真实含义，也就没必要修正了。它的形成是漫长的、自发的、被动的。而后者是主动的、短时间的、刻意的。比如搏克，就是由致力于民族体育运动的搏克专家李·巴特尔经过多年的努力，得到民众的共识、科学化的梳理、官方的认可、国家力量的传播而终成硕果。

1. 从摔跤到“搏克”，名称的力量凸显。搏克规则里的生存哲学。

多年从事体育工作尤其是蒙古搏克研究的锡林郭勒盟前体委主任李·巴特尔先从名称入手。把先前的蒙古式摔跤改成“搏克”。别小看这两个字，它大有学问：搏斗，拼搏；克敌制胜，克服困难，都和竞技精神有关。更重要的是，叫搏克之后，从字面上淡化了民族的局限性，其他人参与时没有了狭义的限制，如同国际体坛上把“中国式小球”改叫“乒乓球”一样。因为他发现，叫“蒙古式摔跤”时，除了蒙古族同胞以外，别人觉得无法参加：那是你们民族自己的东西，自娱自乐吧……失去了大众性，体育运动的生命力、影响力一定是局限的。

人人参与。

所有参赛者不分年龄、体重、职业与否，只要报名就算一个。而且没有地区限制，当一个地区宣布举办搏克比赛或那达慕时，邻近的人们都会闻讯赶来，也可能是非本地的选手夺冠，“肥水不流外人田”的观念在草原上没有，游牧民族是很早就学会“共享”的民族，共享草场、共享河湖、共享快乐。报名者按16、32、64、128人……为基数，分为两组，相隔数米面对而坐，完全靠抽签决定你将遇到什么样的对手，很可能是年龄、块头悬殊的。那不管，你必须面对他，而且每个人都志在必得，却又心态平和——倒下了也没什么，毫无怨言，心服口服。

一跤定胜负。

无论你碰到什么样的对手，你都得认，机会只有一次。并非三局两胜或者更多。是不是有点残酷？不公平？不。蒙古族人说，现实生活中你会有选择的机会吗？风雪或牛马或对手敌人会因为你的体重轻、力量小或年龄不足而放过你吗？当你发现自己的错误时，时间或生活会给你第二次机会吗？也许有，但不是一定有。况且，当力量悬殊时，智慧就体现出来了。

点到为止。

搏克比赛十分科学、适度：膝盖以上的任何部位着地就算。搏克是攻心，不是要造成人身伤害。很多时候一方的手触地就算输，看似随意，实则合理——手已经属于上半身了，上半身触地岂能不输？在力量和技巧的最大博弈中达到了最大限度的安全，避免重度伤残和血腥。

先给败者发奖。

“那达慕”的宗旨是聚会、欢乐、游戏、锻炼，和谐与竞争都要兼顾。给败者发奖是其他体育项目里不曾有的事情，是搏克的一个独特规则。所有的搏克参赛者都会得到奖品，双方比赛，胜者首先将倒地的败者拉起来点头致意，再高举双手向四周观众致意，跑向登记台或裁判台记录以便进入下一轮。败者同样来到领奖台领到一份奖品——依当时的经济条件而定，也许只是一条毛巾或是一条毯子。败者也没有那样痛苦或抱怨，坦然笑对现实而寄希望于下次。胜者也没有目空一切、趾高气扬。而夺冠者最后得奖——“大家都有了我再有”。在牧区，奖品也是与生活密切相关的物品：依次为骆驼、马、牛、羊、毛毯、毡子、工艺品、茶缸、毛巾等，现在有汽车等大件做奖品了。在牧区，几万元钱就可以办一个小型那达慕或搏克比赛，即使当今物价飞涨，举办搏克大赛的费用也是比较低的。

牧民讲：“驯马时需要套住那匹最调皮、最不羁的头马，而那匹马的体重和力量决不会随着套马人的体重和力量而改变”。“时间像河里的流水，机会像草原上的风，一闪而过，谁能在自己的一生当中遇见完全相同的两次机会？误了今年的接羔时机，明年就无法再补。机会都是绝对一次性的。”看似“不合理”的规则，在游牧文明中却有最合理的解释。因为大家知道，牧业是最脆弱的经济，牧业的环境是最艰苦的环境，所以，支撑它的就需要最坚强的人。

社会在发展，文明也在补充新的内容。一跤定胜负，再优秀的选手也有偶然失手的时候。现在是和平时期，怎样给大家更多的机会而又不损害一跤定胜负的精神呢？李·巴特尔冒着风险执意改革。他拟定了一个方案，很快阿巴嘎旗体委就发文下去，不久自治区体委又发文，成为全区的摔跤比赛规则，沿用至今。

李·巴特尔说：那达慕是平民化、大众化的体育运动，要给更多的人创造更多的机会。比如原来 64 人的比赛，每个人被摔倒之后就没机会了。我提出增加团体赛、小组循环赛，机会就多了。比如，8 个单位参加，每个单位 8 人，分 8 个组，在这 8 人中实行循环赛，还是一跤定胜负，但每个人有跟其他 7 人较量的机会。小组赛之后实行淘汰赛。这是国际惯例。我们还有时间限制，不能无限地对抗下去，就 15 分钟。没有胜负就是 0：0。在淘汰赛之后还有安慰赛，剩下的人参加。

李・巴特尔说：我从 1978 年开始研究，1982 年首先在阿巴嘎旗实行。1983 年我任锡盟体委主任，就发起每年 6 月搞全盟搏克大赛。1986 年内蒙古自治区体委把搏克列为自治区全运会正式比赛项目，1988 年，蒙古式摔跤正式被改为“搏克”，在全国首届农民运动会上表演成功，第二届时被列为正式比赛项目。1991 年第四届全国少数民族传统体育运动会上被列为正式比赛项目。

改名后的搏克经过李・巴特尔和各级政府部门的积极争取，走向了更高的目标：全国农民运动会，全国少数民族传统体育运动会，全国运动会……女子搏克在第八届（2007 年）全国少数民族传统体育运动会上成为竞技项目，此前男子搏克在第四届时就被列入了。2003 年搏克被列入全国锦标赛项目。这标志着，搏克已经走出草原，走向全国。李・巴特尔还组织过中外搏克手参加的国际搏克大赛。随着大家对搏克逐渐认识，参赛的人必将更多，形成产业链也是必然的，总之，搏克发展空间巨大。同时，“搏克”二字也逐步深入人心，成为大家的共识。顺便说一下，“搏克”虽然是音译而来，但经过反复研磨、官方认可、全国推行，已经像商标一样固化了，有些地方写成“博克”是不对的。

2. 搏克中贯穿着民族文化元素。

搏克不仅是体育项目，它也充满着文化的元素。

搏克手穿牛皮制的衣服（蒙古语“照德格”，以内蒙古为例，蒙古国的有所不同），像坎肩，又像腰带，为对手提供抓手，也保护自己的腰肩。上面镶满了金属钉子，一是美观，二是加大了强度，钉子的数量也有讲究。早先参加搏克，大家都是自己带衣服，如果不结实，那是要吃亏的，于是就地取材。上面还有印花，背后镶着各种图案，大都是吉祥、搏克、蒙古、幸运等字样或太极图、盘蛇图、龙、虎、狮等，体现着蒙古族同胞阳光积极的美学价值观。据学者们考证，皮质跤衣来源于古代士兵的铠甲。“照德格”很多是从父辈那里传下来的；肥大的裤子（蒙古语“班吉勒”）一来保护皮肤和腿不被划伤，也不会影响腿脚活动，二来也美观——那上面的图案很可能是母亲缝制的。所以，搏克手们经常说：“我身上的衣服有着父母的心血。”

入场和谢幕时的舞蹈动作意味着礼貌、勇猛和尊严。脖子上有一个圆圈，上面系满了彩色布条，蒙古语叫“将嘎”，只有获得过许多次冠军的人才有资格佩戴。夺一次冠军就系一条，将嘎上的彩布条越多就意味着越有资历。还有前冠军传给下一代的，那更为珍贵。“冠军”的含义是在 64 人以上的搏克比赛中得奖的，至少是本旗（县）的那达慕或搏克赛上得冠军。比赛入场时，四肢舞蹈，将嘎飘逸，犹如一头雄狮扑来，十分勇猛气派。

在蒙古国，冠军被授予更尊敬的称号：三次以上冠军得主叫“阿布日固”，意为“强大”；冠军叫“阿尔斯楞”，意为“狮子”；亚军叫“扎纳”，意为“大象”；（大象力大无比，却很少主动攻击，且善于团结，是温和型的大力士。由此可见蒙古民族的价值取向）；三、四名叫“纳钦”（一种隼的名字）。在蒙古国，为冠军发奖、颁布称号都是国家行为，有称号者都有工资。2008 年北京奥运会时，内蒙古选手张小平的首次夺冠，蒙古国选手奥运金牌零的突破，标志着蒙古民族的体质优势在逐渐显露。也印证了体育对一个民族、一个国家的重要性。在中国境内，多个省份的摔跤骨干、散打冠军、拳击教练都有蒙古族猛男的身影。

搏克比赛中也充满着人文关怀。

一方的衣着若松落，另一方会主动停下来，等待对方收拾好再继续。如果把对手逼到一个不太有利的地方，也会主动停下来，回到更为宽阔的地方继续。若一方倒地，胜者会最快地将对方拉起并握手。当双方处于绝对悬殊状态时，高大的一方也只是轻轻地把对方举起，温柔地让对方倒地，决不会恃强凌弱。而弱小的一方也往往要奋力一拼，形成极好的看点，此时观众们会以热烈的掌声回应。在这里，道德价值观十分重要，当与此相悖时，他们宁可放弃获胜机会。搏克是在长期的游牧生活里产生的，也是养兵千日用兵一时的需要，因此十分贴近生活。作为博弈，机会只有一次，你必须认真对待；而比赛并非实战，则点到为止，膝关节以上任何部位着地即算，不必二次用力，不以追求“杀伤性”为目的，不追求致对手于“死地”。在现代体育项目里，搏克的受伤几率是最低的。由于不分重量级别，很可能弱者遇到强者，而这时往往会出现弱者出奇制胜，这就是智慧与技巧。事物的辩证性也体现在这里。这种规则的运用，培养了人们的实际生存能力，消除了人的惰性——若长期与同一级别的人较量就会养成惰性。

李·巴特尔讲：历史上，通过搏克解决棘手问题的例子不胜枚举。成吉思汗时代，大萨满阔阔出倚天仗势，欲盖圣主。成吉思汗不动声色地让其弟哈萨尔与阔阔出之子“你二人若想比试就出去一搏决胜负”而逐出毡帐。成吉思汗与阔阔出坐在帐内佯装轻松，片刻，那叛逆之子已被解决。一场暗含战争的巨大冲突就这样兵不血刃地处置了。

另一则关于搏克的轶闻是：1721 年（康熙六十年），札萨克图旗（今兴安盟科右前旗）蒙古族搏克手敖日布仁钦在摔跤比赛中夺魁，被康熙皇帝招为额附（驸马），成为皇帝的女婿。

成吉思汗的弟弟别力古台就是著名的搏克手。在锡林郭勒盟的阿巴嘎旗政府所在地就有他的塑像。成吉思汗在选兵点将时，搏克中的表现是其中重要的因素。获胜者会赢得很高的地位。同当代明星一样，他们的崇拜者也是大量的，更是姑娘们的向往。

被誉为日本国宝的相扑运动，其最高级别称号是“横纲”，目前横纲里的前几名都是来自蒙古国的大力士。原本是日本的国粹，不让外人染指，却向蒙古大力士开放，个中滋味耐人琢磨。

著名学者金启孮教授在《内蒙古大学学报》（哲学社会科学版）1979 年第三、四期上发表的《中国式摔跤源出契丹、蒙古考》里论述，在秦汉时期，把摔跤称为“角抵、角觝、角力”，原来是从民间舞蹈中演变而来。春秋、战国时期，角力、角抵还是各国士兵准备上阵杀敌的必要训练项目。到了秦统一六国后才成为单纯的娱乐项目。

秦统一六国后，提倡角抵，约与天下收兵器有关。民间不许收藏兵器，讲武只好提倡徒手的角力了。从此，角力与打仗分了家。

《事物纪原》："史记秦二世在甘泉宫作乐、角力、俳优之戏。其后汉武帝好此戏，即今日之相扑也。"《汉书·乌孙传》："天子自临平乐观，会匈奴使者、外国君长，大角抵设乐而遣之。"意思是汉朝招待匈奴、乌孙时大摆角抵阵，说明当时流行这种游戏。

宋代《梦粱录》卷二十《角抵》："角抵者，相扑之异名也，又谓之'争交'。"

中国宋以前通行全国的相扑，与日本今天称为国技的相扑完全一致。而今天中国的中国式摔跤，与相扑毫无关系。相扑在中国失传了。今天的中国式摔跤是来源于契丹、蒙古式摔跤。

辽金的"跋里速"（摔跤）源自匈奴、柔然。《辽史·兴宗二》："上命卫士与汉人角抵为乐。"

《辽史·太祖上》："酒酣，或歌，或舞，或戏射、角抵，各极其意。"《辽史拾遗》："角抵以倒地为负，两人相持终日，欲倒而不可得。又物如小额，通蔽其乳，脱若褫露之，则两手覆面而走，深以为耻也。"物如小额，指一硬物遮蔽胸前。硬物可能是皮革，图画上是无袖衣，这可能是现在蒙古式摔跤（搏克）的"照德格"（摔跤衣）。

元朝称摔跤为"巴邻勒都"。元朝以官方力量制止了相扑，故"巴邻勒都"盛行。元仁宗时，设立专门机构管理"孛可"（摔跤人）。《元史·仁宗三》："延祐六年六月戊申，置校署，以角抵者隶之。"《元史·英宗一》："延祐七年六月庚申，赐角抵百二十人钞，各千贯。"

蒙古文化接受西部的克烈部、乃蛮部的文化，这二部又接受更西部的维吾尔（畏吾儿）、西辽的影响。这一带的风格是类似现在的"自由式"，即双肩着地算输，姑且称为蒙古式中的"西派"。蒙古初兴时流行这种西派。西派传入漠北后有了变化。《多桑蒙古史》："窝阔台喜观角抵，延致蒙古、钦察、汉地之力士甚多。"

清代称搏克为"布库"，举行摔跤称为"演布库"，或"布库之戏"。"布库"即从"孛可"转音而来。

《满文秘档·太宗赏三力士》："……令们都、杜尔麻、特木德黑三力士跪于上前，听候命名。赐们都'阿尔萨兰土谢图布库’名号，并赏豹皮长袄一；赐杜尔麻‘扎布库’名号，并赏虎皮长袄一；赐特木德黑布库‘巴尔巴图鲁’名号，并赏虎皮长袄一。”其中的“阿尔萨兰”即今译“阿尔斯楞”，狮子；“扎”即今译“扎纳”，大象；“巴尔”，虎，“巴图鲁”，巴特尔，英雄。现今蒙古国的搏克称号中也使用这些称号。

《啸亭杂录·先惠顺王神力》：“顺治中喀尔喀使臣至，与近臣角抵，俱莫能撄（yīng，碰，扰）。”

清代前期设立培养训练布库的“善扑营”，类似元朝的“校署”。清朝灭，善扑营自然解体。

由此可见，搏克的历史足够古老，文化含量足够丰富。

3. 如果说那达慕是蒙古民族文明的桂冠，那搏克就是冠上明珠。古老搏克前景美好。

那达慕是生产生活狩猎演习和被迫抗敌的需要，搏克、赛马、射箭男子三项技艺是力量和智慧的延伸。这三项竞技相互关联，产生于生产生活，作用于生产生活，一招鲜，走在先；三招鲜，吃遍天。射箭需要工具，赛马需要场地，而搏克只要有两人以上就可以随时随地进行。如果说那达慕是蒙古民族文明的桂冠，那搏克就是冠上明珠。

李·巴特尔非常乐观地认为：搏克最有可能进入奥运会正式比赛项目，因为它符合“奥运精神”。为什么？

首先是大众化。有人反映说，现代奥运会快成了富人运动会了——穷国很难进入一些比赛。在 2008 年北京奥运会之后，还有一些项目被取消了，主要原因之一是人气不高，参与者太少。而奥运会项目的重要标准之一就是它的大众化程度。搏克正好是大众化体育项目。不分职业、地区、男女老幼，草地上、雪原里、河边、湖畔、早晚、冬夏，随处开赛，婚嫁节日、庆贺丰年、大小那达慕上均可。是活泼、友好而又竞争激烈的民间体育运动。不分级别，重在参与，人人平等。是力量和智慧的结晶，非简单的输赢和对立。胜者不骄，败者无怨。完全根植于大众生活中。无需号召，不必发动，完全自发，乐此不疲。娃娃们在孩提时代就在草原上比试，没有胜负，没有抱怨，倒了起来再试，完全是一种成长过程。

其次，搏克的精神内核是强身、参与、公平、和谐、快乐。这也符合奥运原则。

搏克的参与者没有本地人和外来者的限制。往往一个旗或苏木（县、乡）举办那达慕或搏克大赛，附近的几个甚至十几个旗、苏木的搏克手们都来报名。搏克手们骑着马，赶着车，摩拳擦掌地要展示自己的强壮和技术，女人和孩子们欢天喜地看热闹，鼓劲。整个大赛就是一个流传千百年的“奥林匹克盛会”。赛后人们津津乐道，崇敬着英雄，并且给获胜者冠以最美的称号和荣誉。现在北京那达慕自 1981 年以来已经举办 38 届，每年一次地坚持着，参与的却远不止北京地区的人，很多地区的搏克手们也赶来参赛，除了给大家带来快乐看点，也捧着数万元奖金凯旋，皆大欢喜。

现代体育运动最具吸引力的就是两条：一是高科技和人体技能紧密结合的项目，二是民族性极强而又和现代人的竞争意识紧密结合的项目。搏克正好具备这两条。尤其是部分欧洲人认为，“不分级别”这一条就极富挑战性！小个子扳倒大块头绝对是大众永恒的兴奋点。

此外，根据新修改的规则，在“一跤定胜负”的原则下，每个人的参与机会增加，更具科学性，易于普及。当今和旅游结合，更是扩大了影响力和参与面。如果加上国家力量，搏克将获得一块“永久的奖牌”——进入世界体坛，造福全人类。

李·巴特尔讲：“1988 年，我去日本访问，受到高规格接待。因为对方也在研究搏克，研究与他们的相扑有何区别，有什么奥妙。他们提出，1990 年要参加我们的搏克比赛，可以出所有费用。但条件是直接进入前 8 名，参加决赛。我说那不行，那不符合搏克精神和规则。给多少钱都不行。搏克如同招聘，谁都可以报名，但只有最优秀者才能胜出，靠关系来的不行。日本人后来服了。”

日本把柔道推向了世界，日本人却很难获得每届比赛的冠军，但他们却获得了一枚“永久的金牌”。李·巴特尔的梦想就是让蒙古搏克也成为这样的贡献之举。让更多的人以这样的方式强体励志，传播文明。他坚信，搏克是蒙古文明的精华，有理由处在文明之列而不是被历史所忘弃。在社会高速发展的时代，在大家急需和平、和谐、幸福、人人参与、可持续发展的愿望下，蒙古搏克最有可能进入奥运会的比赛项目。

顺便说一下，中国武术源远流长，博大精深，为何不能进入奥运会？答案之一是派别过多，规则不一。各立门户，谁也不服，都说自己是正宗。结果好不容易争取到的机会权利就这样内耗了。怎么定规则？怎么来裁判？都是问题。由此，蒙古搏克似乎也反思：中国搏克与蒙古国搏克规则、服装不同；中国境内也有阿拉善沙力布尔式、鄂尔多斯式、布里亚特式等地区性规则，怎样形成合力，用一个品牌走向世界，是研究者尤其是决策者的重要课题。

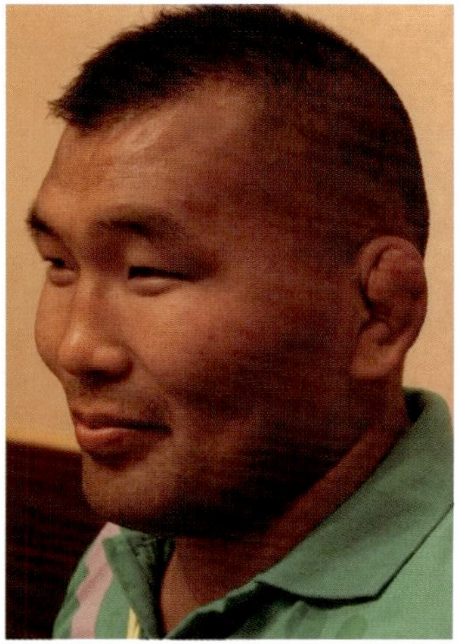

左两图：蒙古国中央省的牧民随时在比试。通常是同行的大家每人凑点钱当奖金，比赛立刻开始，无论输赢，皆大欢喜。2004 年

中两图：呼伦贝尔的牧民随时在比试。2005 年

右：搏克手的耳朵。2012 年

左：克鲁伦河畔度假的孩子们自然要比试比试。2004 年
右上、下图：西乌旗的小男子汉。2008 年

左上：西苏旗的小摔跤手。文凯供图
左下：场内鏖战，场外酣战。呼伦贝尔冬季那达慕。

右上：小女孩也喜欢搏克，锡林郭勒东乌旗。2006 年
右下：营地的比赛还在继续。吴运生摄于 2007 年

2004 年蒙古国国庆那达慕场外的小搏克手也在酣战。

左上：2012 年甘肃肃北蒙古族自治县那达慕。鹰鸽摄影
右上：锡林郭勒的小搏克手。2006 年
下两图：快乐运动，呼伦贝尔。2018 年

左：休息时间不休息。2013 年
右上：外国人也饶有兴趣。和平摄影。2008 年
右下：黄白相争，有人在后。2008 年

左：搏克专家李·巴特尔是 2011 年第 1 期蒙古文版《民族画报》封面人物。

右：搏克专家特木尔吉如和是全国搏克冠军并在内蒙古体委工作时为搏克事业发展做出了重要贡献。2008 年

阿鲁科尔沁旗的斯日吉嘎瓦保存的祖传跤衣。2017 年

正蓝旗搏克手充满补丁的祖传跤衣。2008 年

上左起至右：乌珠穆沁。麒麟。蒙古古文字索永布文图案。金龟。老虎。
下左起至右：五星。风马。察哈尔搏克。2006、2008、2010 年摄影

左：搏克手的裤子（班吉勒）绣着不同的图案、文字。左起：2008 北京奥运会、金河（西乌旗一条河名）、浩勒图（河名）、云纹。

右上：靴子外用皮绳捆住以增加强度。

右下：靴子里要穿厚袜子。均为 2008 年拍摄。

2005 年阿拉善沙力布尔式搏克。文凯摄影

鄂尔多斯式搏克可以不穿跤衣。2010 年

左上、下图：国际式摔跤。2010 年
右上：布里亚特式搏克不穿搏克服。2015 年鄂温克旗巴彦敖拉嘎查牧民与摄影家呼伦贝尔摄影家协会合办的摄影那达慕。常胜杰摄影
右下：中国式摔跤。2010 年

左：搏克手的女儿。1984 年
中：搏克手心中的英雄。2009 年
右：原北京军区体工大队搏克教练赛音吉雅。2008 年

左：失利者拿着奖品。2006 年

中：奖品羊。文凯摄影

右：哲里木盟赛马头奖奖品是一匹马。文凯供图

2015 年蒙古国搏克赛的失利者领奖。

2012 年俄罗斯搏克比赛上，这位布里亚特搏克手冠军的奖品是拉达汽车。

常胜杰摄影

左：2004 年的奖品。和平摄影
右上：2006 年获奖者拿着奖品跳跃。文凯供图
右下：1997 年内蒙古自治区区那达慕搏克冠军的奖品是一匹马。

1997 年内蒙古自治区成立 50 周年大庆仪式上的搏克手们。

2004 年蒙古国国庆那达慕上的搏克手们祭拜苏勒德。

2006 年锡林郭勒盟一个苏木的夏季那达慕。

1998 年呼伦贝尔锡尼河苏木祭敖包之后的小型那达慕，左边的是布里亚特式搏克，右边的是蒙古搏克。

2010 年首届鄂尔多斯国际那达慕开幕式。

2018 年四川那达慕搏克比赛。其力木格摄影

2008 年青海海西州那达慕。杨林那青摄影

2004 年 8 月西乌珠穆沁旗举办 2048 名搏克大赛。通拉嘎摄影

左上：1984 年北京那达慕搏克手入场。

左下：2010 年锡盟沙尘中的搏克赛。吉雅图摄影

右：2007 年第二届巴尔虎文化艺术节千人搏克大赛。常胜杰摄影

1997 年内蒙古自治区成立 50 周年庆典开幕式结束，大力士们卷起地毯。

左图：出场。2010 年鄂尔多斯首届国际那达慕。　右两图：呼伦贝尔 2006 年冬季那达慕。

蒙古国的搏克手们准备出场。2015 年

左上、下图：2006 年呼伦贝尔那达慕上舞蹈般优美的搏克。常胜杰摄影
右：2007 年东乌旗那达慕上戴“将嘎”的搏克手。阿拉腾宝音摄影

左上、下图：出局。2006 年
中上、下图：大连那达慕的搏克比赛。2015 年
右上、下图：分晓。2006 年

2008、2009、2010 年北京那达慕搏克比赛。

2015 年北京那达慕看搏克比赛惊呼的观众。

实力悬殊时强大一方会轻柔地对待；同理，晚辈也可能礼貌地降服以示尊敬，宁可失去一次机会。2006 年

左上、下图：手触地即输。
2010 年
右上、下图：“展翅”。
1997、1999 年

1986 年北京那达慕搏克比赛。

2012 年在俄罗斯举办的蒙古搏克比赛。常胜杰摄影

84—85 页：名将出场。那顺乌日图在 2009 年北京那达慕上。

2015 年蒙古国搏克赛，与中国搏克不同，双肩着地才算输。蒙古国与中国搏克衣服不同，有一个传说：某次比赛中一位力大无比的妇女参赛并获冠军，令男子们无颜。遂规定以后必须身着暴露的服装以示证明。

看上去实力悬殊，结果是剧情反转。2010年鄂尔多斯首届国际那达慕的女子搏克赛。

笑对强手。

2008 年呼伦贝尔鄂温克旗那达慕女子搏克赛。

女将风采。2010 年

女子搏克风采。2010 年

2016 年甘肃省肃北县石包城乡那达慕女子搏克。佟格勒格摄影

女搏克手准备上场，呼伦贝尔。2008 年

女搏克手关春明。2010 年

鄂尔多斯，男女搏克手各显风采。1999 年

2004 年蒙古国国庆那达慕，搏克是永远的看点。

左：成吉思汗的另一个弟弟别力古台以搏克超人著称。新雕像在阿巴嘎旗。2017 年
右：别力古台像在阿巴嘎旗。2005 年

搏克手形象成为陈巴尔虎旗文化符号之一。2017 年

蒙古国国家功勋演员、劳动模范、搏克健将达利·达木丁（1931—2002）的雕塑竖立在蒙古国木伦市搏克馆门前。2013 年

获多次全国冠军的搏克手呼和勒像（1926—1993）竖立在陈巴尔虎旗。2017 年

上左起：东乌旗著名搏克健将查干扎那（右）在 1997 年内蒙古自治区成立 50 周年庆典上。
阿鲁科尔沁旗搏克手萨仁满都拉。2010 年
东乌旗名将吉日嘎拉。2006 年
下左起：东乌旗巴雅尔巴特尔（左）。
西乌旗玛西巴雅尔。2008 年

左上、中两图：日本相扑第六十八代横纲朝青龙、第六十九代横纲白鹏均来自蒙古国。双虎供图

右：跟搏克手哥哥合影。2015 年

左上：西乌旗搏克手雕塑。和平摄影
右上：以著名搏克手都荣扎那命名的搏克赛 2013 年在锡林郭勒盟举行。
左下：2006 年锡盟东乌旗建旗 50 周年那达慕搏克方队入场。吴运生摄影
右下：2008 年正蓝旗那达慕上表彰搏克手。

上左起：20 世纪 80 年代苏尼特左旗搏克手们。和平供图
20 世纪 70 年代苏尼特左旗搏克手们。和平供图
吉林前郭尔罗斯蒙古族自治县的搏克雕塑。2012 年
下左起：乌兰巴托市搏克馆。2015 年
蒙古象棋里的小兵卒被雕刻成搏克手。2016 年
蒙古国搏克奖章。2015 年
这位老搏克手获得正蓝旗颁发的“达尔罕”称号。2008 年

三、赛马

马的驯化突破了速度的局限

速度延伸了人类思想的翅膀

1. 赛马的左手是驯马，右手是军马。

赛马体现在那达慕上，是整个“马链条”中的一段。其实它一手拉着驯马，一手拉着骑兵。因为只有驯服、调教的马才能为人类使用和驾驭；而马的用途就很宽广了：游牧、狩猎、交通、运输、比赛，直至骑兵。如今更具有审美意义和经济价值。所以先从蒙古五畜说起。

蒙古族人，蒙古草原，蒙古五畜——马、牛、驼、山羊、绵羊，加起来就是游牧文化的主要内容。十二生肖里除去猪、鼠、鸡这些与传统游牧生活较少直接关联外，龙、虎、蛇、猴等具有很高的崇敬含义，无论农耕还是游牧民族都视为敬物。剩下的 5 个生肖里，蒙古五畜占了 4 个，狗是牧民的好伙伴，它们都是游牧社会的重要角色，是与牧民终生相伴的生灵。其中马居首位，是蒙古族人的最爱，与蒙古族人的生活最近，所以，马年就是一个标志性的吉祥年份。甚至有人说马年是“蒙古年”。五畜之于游牧，是谁也离不开谁。

首先，这五畜都吃草，且吃不同的草，哪儿的草好吃就去哪儿。圈养、舍饲、划分草场，只是近代的事情，千百年来，它们都是“自行解决”。牛要把草用舌头卷起来吃，高一点的草它才能吃到；绵羊和马可以吃低一点的草，山羊可以吃山上或石头缝之间的草以及树叶；骆驼可以靠沙漠戈壁上稀少而坚硬的植物果腹……这些植物的分布几乎涵盖了全部草原，是适应环境的最佳进化选择。

其次，这五畜既是生产资料也是生活资料。马是交通运输工具，也是军队的重要组成部分，生产生活、维护权益都离不开马，它因此也被誉为五畜之首。牛、驼也是交通运输工具，同时可产皮革和毛绒；山羊和绵羊也是产毛绒和皮革的“大户”，这五畜的共同贡献是产奶、产肉。它们的排出物是清洁燃料，有专门的名词。五畜们生长在草原，把原本无法直接作用于人类的“小草”转变为对人类有着巨大意义的生产资料和生活资料。套马杆、马鞍等马具，牛车驼驮、牛奶食品、羊羔袋羊毛剪，肉食和皮毛加工等早已是完整的产业链。

再者，农业民族面对的是植物，游牧民族面对的是活物。在长久的接触中蒙古族人和他们心爱的五畜一起享受水草丰美，蓝天白云，也共同抵御严寒风雪等灾难。蒙古族人收获的不仅是皮毛和肉食，还有精神。他们相互依存，谱写着草原上最长久、动人的篇章。蒙古族人的艺术作品中常常出现五畜的题材和形象，很多重大活动中同样有五畜的身影。

五畜是游牧文化的一部分，贯穿在蒙古民族的整个历史发展时期。它们和蒙古族人的生活紧密相连，充满了情感，是蒙古人传承文化的重要载体，蒙古人的怜悯之心、慈爱之情、艺术天赋等皆与此有关。至今一些牧区还保留着给五畜过年的习俗，即在正月的某日里将畜群赶到集中的地点，颂念祝词，敬供苍天、大地和祖先，祈求来年风调雨顺。同时举行那达慕大会，大家尽情享乐。

先说驯马。大家看到最多的是套马，通常在三岁时就要给马去势（骟了）、打马印，这时就要抓住那个对象马，全是男人的活儿，要的是力气、技巧、经验，当然还有一颗崇敬的心。开始要敬酒，祭火，祈求长生天给予丰年好景，五畜满圈。把代表着自家特征的各种形状的铁质马印，在火里烧红预备着；那边开始抓住生个子马（未经驯服的马），它岂肯屈服？拼力挣扎。然后去势、在左侧臀部打上马印，随着一缕蓝色的烟，那地方就形成永久的烙印，然后撒上酒和草灰以免感染。春天进行是为了免受蚊虫叮咬和感染。马印体现着部落文化和地区文化，比如各种图案、数字甚至汉字。

到了四岁时就可以再次套住它，这回要骑了。于是再次上演套马大观，如今已经形成最佳看点之一，很多摄影家们靠这个出大片、获大奖。驯服之后就是它的用途了。游牧、狩猎、交通、比赛，茫茫草原上，马是牧人的最佳伴侣和助手。通过比赛、评选，可以选出最佳品种使其繁衍。

赛马有长距离的，几十公里，很是考验蒙古马的耐力；还有短距离的，适用于小型那达慕，场地赛等；还有2-3岁马让儿童驾驭；还有女子赛马手；近代还有马术表演；更有锡林郭勒盟的大型百马实景表演，成为极具地方特色和民族文化意味的新亮点。

马意味着速度。马浑身都是宝。对于蒙古马来说，伯乐就是整个蒙古民族。

马匹是蒙古民族传统生产生活中最重要的“五畜”之一，是其重要的经济基础。马是古代蒙古人的主要财富。放牧，围猎，游戏，打仗，没有马就没有蒙古人的生活。如果说草原是游牧文化的摇篮，那马就是这个文化的重要元素之一。那达慕就是锻炼体力（摔跤力量和技巧）、箭术、马术（马上驾驭的能力，非指表演）的经常性的演习，体育是和平时期的战争。

马是有着刚健、俊美特质的“英雄式”的动物，忠诚和灵气是别的动物少有的。马匹也使人类认识到了速度，速度满足了人类对时间和空间的强烈需求。今天社会发展的核心标志之一就是速度，无论是计算机或是网络。而在远古时代，人们对速度的认识就是从马开始的。

它好看，也好用，它只有奉献，没有索取。

蒙古族人是静态的，沉默的，忍让的，但是一旦翻身上马，他就变了一个人！他是动态的，在马上他才有感觉，有自信，有激情。他的姿态是雄性的、彪悍的、技巧的、优美的。他的速度是先前沉默时的百倍。

马最初是交通运输工具，然后是狩猎工具，最后，马的速度被发现，进而运用到战争，贯穿在人们的生活与文化之中。相应地，马靴、马甲、马刀、马鞍等马具和服饰形成了巨大的产业，马奶是顶好的营养品，马是许多文学艺术、故事传说里的主角，至今有许多造型艺术中以马为题材，蒙古民族的标志性乐器之一也是马头琴。蒙古族人生活中的一些习惯、生活用具等就是为了适应于马背生活而形成的。

马是动物，但是骑马的是人，人类只要存在就会产生文化。讲骑兵历史也就讲了一些军事史，而人类社会的很大一部分历史就是军事史，所谓人类文明史在一定意义上就是战争史，战争史在一定意义上就是骑兵史。骑兵史也在一定意义上是游牧文化史。

2. 人马结合的最高境界是骑兵。骑兵统领世界军事史长达千年。蒙古骑兵把这个兵种推向了顶峰。

蒙古族人曾经叱咤风云的一个重要因素就是掌握了速度，速度是意志和眼界的延伸。在冷兵器时代，骑兵就是快速反应部队，骑兵主宰战争局面达千年，直到火药、舰船、现代高科技武器的出现。马背生活和因此造就的生存方式以及驰马纵横的激情，磨练出蒙古族人的意志。在游牧民族的历史中，卷入冲突和被迫战争强化了骑兵，形成人、马、武器的有机结合，在历史的特定时期把蒙古骑兵这个兵种推向了巅峰。骑兵和驿站构成世界历史上最先进的信息传递系统。蒙古骑兵战术和兵法，多成军史经典。蒙古骑兵成就成吉思汗统一大业并促进东西方交流。骑兵远去，精神犹存。

“蒙古马”只有与人在文化层面的结合才可称之为“文化”。

传统游牧生活中的蒙古马发挥着重要作用，但从骑兵历史层面上看，它包含的精神价值和现实意义更为丰富。骑兵统领世界军事史长达千年，其中基于游牧文明所蕴含的英雄主义精神、人马与武器的有机结合以及由此引出的战略战术等至今未远离我们。有必要多角度重新观看历史。

蒙古骑兵是游牧文化的必然产物，在战争层面上看则是跨地域、跨民族、跨时代的文化。游牧意味着马背生活和因此而生成的生存方式以及驰马纵横的激情、磨练出的意志和勇气。

要重新认识骑兵。

对骑兵的研究不应只停留在军事范畴，仅仅研究战略、战术、作战、输赢等，骑兵的外延在某种意义上远大于战争的范围。骑兵在战争中逐步形成的，原本马背民族具备的马术、射箭和搏克等技能和在与严寒拼搏、不停地迁徙、生活物资匮乏、生存空间被挤压的历史进程中形成的追求自由、和平的精神等综合影响下，逐步壮大了自己的选择。也就是说，只有游牧生活、马背民族由于战争的需要，才能形成人、马、武器的有机结合，继而统领世界军事史长达千年。直到 14 世纪发明火炮之前，骑兵是冷兵器时代一支强大的军事力量。骑兵一次又一次地改变历史进程，阿拉伯建立帝国靠的是骑兵，蒙古建立帝国靠的是骑兵，突厥建立帝国靠的是骑兵。直到第二次世界大战期间，骑兵也没完全丧失它的功效。热兵器的发展也是蒙古骑兵带着火药去让西方开眼界的结果。骑兵从军事上退位，还是 20 世纪末期的事。因此，“蒙古骑兵”的含义就包括了游牧史、民族史、武器史、文化史和国家关系史等。

骑兵和驿站构成世界历史上最先进的信息快递系统。

成吉思汗时代以十几万骑兵征服了数十个国家，建立了“箭一般的传令兵”体系，传令兵以每天一二百公里的速度，在各个驿站之间更换马匹，风雨无阻地奔波在战场和大本营之间。几千公里之外的战场消息在几天之内就能送到成吉思汗的指挥部里，建立了世界上最发达的快速传递系统。驿站备有足够的马，文件不停，人马轮换，怀揣令牌走遍天下，速度之快在非电时代莫过于此。

蒙古人取胜不在于人数而在于素质。蒙古兵在最多时也只有十几万，蒙古军的特征是它的体制。组织单一，全部是骑兵，每个骑兵有 1—5 匹马的储备力量。依托世界上最发达的信息情报系统，前方的战况在第一时间里由信使快马飞报至最高统帅部。一般情况下，他们总是在人数上少于对手却常常取胜。

蒙古骑兵是军政、军民合一的产物。真正意义上的骑兵是人马的高度有机结合。

蒙古军事史、兵法已成为独立的军事科学，许多战例和奇迹已经是军事史学家和蒙古学家们研究的重要课题。而在蒙古军辉煌的历史中，骑兵有着不可替代的作用，如果抽去骑兵，那整个军队与其他地方的步兵无异，历史恐怕就要改写。所以说蒙古人创造的历史中除去政治、经济因素外，骑兵可以说是主要的载体和实践者。

畜牧业的程度越高，骑兵化的程度就越高。光会骑马还不能算是骑兵，真正意义上的骑兵是人马的高度有机结合。人的勇气、胆识和马的速度、冲击力和惯性，加上武器的运用，合起来就是一股不可阻挡的力量。战马非一般的马，是经过筛选训练的马，是两岁时去势的公马，发育健壮、柔顺、耐力极强，它与主人的意志相合无隙，冲锋陷阵时所向披靡。马本是旷野之物，野性已经是一种优势了，却又加上了后天的训练调教，融入了人的意志，越发如虎添翼。牧业经济是最脆弱的经济，支撑脆弱经济的人就需要最坚强的意志。

在这样的移动历史中，这个民族练就了骑术，那是从小就掌握了骑术的一种强化和升华。围猎不仅补充了营养，还是练习围捕和射箭术的大好时机。举行那达慕大会，男人们通过搏克以展示自己的强壮，那也是赢得首领的赞赏和姑娘们青睐的时刻。蒙古人是最大限度地把生活和事业结合起来的民族。

许多民族与骑兵有关，蒙古骑兵是佼佼者。

历史上全军骑兵化的民族有匈奴、柔然、薛延陀、蒙古、前期的鲜卑、契丹、库莫奚等；以骑兵为主，骑步结合的民族有扶余、突厥、女真、满族、后期的鲜卑、乌桓等；以步兵为主、骑步结合的民族有渤海、高丽、倭人、新罗、中原北部的汉人等（以上提到的某些民族与蒙古族有多重关联）。

根据甲骨文的记载，乘骑之习源于殷商时代，但那时主要用于驿站联络。而游牧民族的驯马历史一定早于文字记载，所以，关于骑兵发源的准确时代无法确定，这也是学者们一直争论的学术问题。而对于军事家们而言，他们关心的是骑兵的数量和装备，不一定在乎它是哪一天诞生的。

春秋时的车战是当时的作战方式，一些军事强国被称为“千乘之国”。一些军事史著作里讲，战车的出现是在公元前 26 世纪。大概在两河流域。它的第一用途是把战士送上战场，波斯人也曾经在战车上安装刀片，在冲入敌阵时可以削断敌方的人或马腿。终于，战车因为它的笨重而被更为轻便的骑兵所代替，结束了它的历史。

到了战国时期，骑兵就成了各国的主要军事力量。战国时期的出土文物铜镜上已经有了骑马武士的形象。秦汉时期是骑兵发展的一个重要阶段，尤其是汉代，骑兵从战术力量转变为战略力量。一个直接原因就是为了对付匈奴。只是中国史书多有汉代的骑兵状况的记载，而仅把匈奴视为威胁和侵略，没有从军事的角度来论述匈奴骑兵的发展史，进而也忽略了游牧文化。所谓的“胡服骑射”也是大肆宣扬汉军的“改革”而不提其他。

根据西方军事史著作的记载，骑兵最早出现在公元前 9 世纪的亚述帝国，就是今天的西亚地区。正规的骑兵建制出现在古希腊。在中国魏晋南北朝时期骑兵成为主力。因为此时马镫的发明成为骑兵史上革命性的进步。

《孙子兵法》是杰出的“纸上谈兵”。成吉思汗是伟大的实践者。蒙古骑兵战术和兵法多成军史经典。

《孙子兵法》是杰出的“纸上谈兵”，其中不乏至今仍有价值的战略战术，但缺少对骑兵战术、策略的“布阵”，而在成吉思汗为首的蒙古人身上，由马背民族而成的骑兵成就了另一种完美的战争，成吉思汗是伟大的实践者。有军事理论家说：“中国之兵学，至孙子集理论之大成；至元太祖成吉思汗，而呈实践之巨观。”

非常适合骑兵远征的“一兵多马”是蒙古军的发明。

战斗中，马的目标比步兵大，遭受打击的机会多。战士可以通过俯身、镫里藏身，左右躲闪，马匹可无法躲避明枪暗箭，只有挨打。如果把草料不足、超长时间跋涉也算上的话，马匹的战斗力与人类战争的要求便成为一个巨大的矛盾。所以，蒙古族人发明了“一兵多马”的战术，一个战士至少要两匹马以上，才能适应跋涉和战斗的需要。同时，蒙古兵还练就了在马上吃喝、弹唱、交流、开会的本事，甚至谈判、宣告汗旨等，都可以在马上进行。

蒙古军杰出的战术。许多战例成为以后战争的典范。

敌疲我扰、敌退我追、引蛇出洞、兵不厌诈。闪电战、心理战、突袭战。长距离迂回包抄、运动中消灭敌人、遇沟跳跃、逢河趟水。

蒙古骑兵注重战略战术，尤其是骑兵的速度。短暂接触，高速突破。攻打敌阵时，如同凿子钻木一样深入攻击，长驱直入。部队按梯队分布，第一支不成就闪开，第二支梯队上去。两翼包抄，缩小包围圈。围困敌方久攻不下时就网开一面，趁其突围时一举歼灭。遇敌方壁垒森严时，就开始骚扰，不时射箭，派骑兵在周边示威，干扰军心民心。或者使敌方水草断绝，不战而胜。诱敌深入，故意示弱，丢盔弃甲，拉出来再打。或三五一群，离而不散，避免被敌方包围，同时还可以随时集合，马鞭指处，迅速集中。来如天坠，去如电闪。大规模迂回，不停顿地追击，直到将敌人彻底消灭，不给喘息和卷土重来之机。轻骑兵居多，后勤负担小。

到元朝时，蒙古族人已经很会用其他民族的技术来武装自己了。比如大炮的使用，攻城机的使用。1235 年，蒙古族人进入欧洲时，还带去火炮、火药箭，甚至毒药烟球，让西方人大开眼界。

蒙古骑兵成就成吉思汗统一大业并促进东西方交流。

蒙古族人奠定了世界上最大的国家版图和统治范围，依靠的就是骑兵和成吉思汗非凡的战略战术。蒙古族人是“全民皆兵”，平时是民，游牧并且养精蓄锐，战时是兵。所有居民被编为十户、百户、千户、万户。每个骑兵都带有预备马匹，马上带有奶食品和干肉以及炒米，战利品和被征服者的财富就是蒙古骑兵的补给。没有前方和后方之分，到处都是战场或者大本营。当世界各国的步兵都披着沉重的甲胄和兵器每天行走几里或十几里路时，骑兵已经是日行百里或数百里路了。成吉思汗的部队从编制到战斗序列都有完整的体系，无论进退都有着明确的目的和章法，加上把当时的先进技术及时应用到自己的战术里，使得蒙古骑兵所向披靡。顺便说一下，蒙古族人的这些战术相当程度上来自于他们平时的围猎训练。同时也可以说，近代战争的所有成功典范都能在蒙古族人的军史中找到影子。

如以战养战。世界 4000 多年历史上共有百余次远征行动，其中只有五六次算是成功的。失败的原因就是粮草接济不上。而成功者里当属蒙古族人的远征，距离最长，次数最多，时间最长，成果最大。也由于此，成吉思汗的蒙古大军得以逐鹿欧亚，为世界文明格局带去了革命性的冲击。

骑兵的现代意义。

现在的商战中不是有很多人在研究古代战术吗？国与国的交往中不也是讲究战略战术吗？娱乐活动中，体育比赛中，“战术”一词更是被广泛使用……我们在短短的几十年里看到了骑兵远去，固然是社会发展的结果，骑兵的遁去，不意味着精神的湮灭。它的精华部分是以文明的多种形式被继承和保留下来了，甚至还会得到弘扬。在奥运会的比赛项目中，摔跤、射箭等以及延伸的柔道、散打、射击等自不必说，人与动物结合的项目只有一个：马术。

1945 年在内蒙古王爷庙（今乌兰浩特市）创建的骑兵一师就是在蒙古族军官、学生反抗日本侵略军的起义行动的主体力量基础上成立的。骑兵二师是内蒙古军区副司令阿思根在哲里木盟地区创建的，同样声名显赫。1950 年新中国成立一周年的阅兵式里就有骑兵二师的军马方队通过天安门广场。被评为全国战斗英雄郜喜德、好特老均来自骑兵二师。

骑兵远去，精神犹存。

人类创造了骑兵，骑兵又给了人类勇气和力量，帮助人类更加进化，不觉间，铁蹄启发了人类的思想，延伸了生活半径，使原始人类的巨大隔阂缩小为“地球村”。在人类所有的兵种里，骑兵存在的时间最长，人与动物的合作也当属骑兵最为完美，因而也必定留下最多的精神遗产。尽管如今保留的骑兵已近乎文物，骑兵所留下的和它所蕴含的灵魂正是人类文化的重要部分。

骑兵使我们懂得了英雄崇拜，英雄崇拜构成了时代的一种灵魂，无论和平还是战时，英雄主义都是一种时时让我们激动的词汇，是一个民族生息的动力，在一个民族需要凝聚力时尤为需要。

今天我们喜欢赛马，同样是英雄气概的折射、审美欣赏的需要、经济文化发展的考量，参赛者兴奋，观看者激动。赛马是力量、速度、激情、美学的集中体现。

套马手们。
左图 2006 年夏季东乌旗那达慕。
右图 2006 年呼伦贝尔冬季那达慕。

追逐。2008 年西乌旗。

套里套外。2015 年蒙古国。

长鬃烈马。2015 年蒙古国。

博弈。

左图 2018 年呼伦贝尔。右图 2015 年蒙古国肯特省。

博弈。2015 年蒙古国。

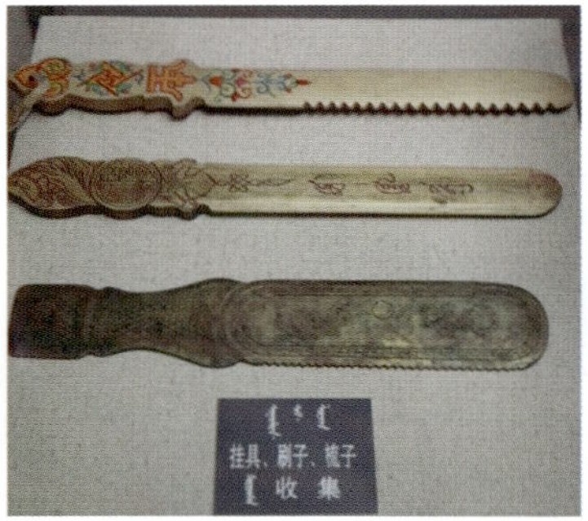

左：马鞍是材料、功能、手艺、文化的集中载体。2006 年　中上：刮马汗刷。2010 年
右上：马印为区别彼此的马群，附带部落文化特征，进而成为税收依据之一。2013 年　右下：做马鞍用的黑桦木。2011 年

左：牧区的孩子自小驭马。2011 年
右：牛犊也能锻炼骑术。2004 年

牧区孩子的教具。2004 年

20 世纪 50 年代呼和浩特赛马场。额博供图

2012 年鄂尔多斯上海庙赛马节。诺敏·何摄影

上：呼伦贝尔 6 岁的骑手。2018 年
下左起至右：蒙古国小骑手。常胜杰摄影。2007 年
日出前参加赛马的小骑手。2002 年
青年骑手。2006 年

2004 年蒙古国的十个小骑手备战赛马，右边的女孩 6 岁。

左上、右上图：瘦身、出汗、保温（左图 2004 年蒙古国，右图 2018 年呼伦贝尔）。
左下、右下图：精心打扮赛马（左图 2013 年青海海西州，右图 1999 年鄂尔多斯）。

左：2013 年青海乌兰县祭敖包，敬天地祖先后，让爱马也沐浴圣恩。
右上、下图：避免马尾在奔跑中缠绕马腿，同时有美化作用（上图 2008 年呼伦贝尔，下图 2008 年锡林郭勒）。

2015 年蒙古国参加国家三千匹马大赛的骑手们。

1982 年扎鲁特旗那达慕上马队入场。

2011 年哲里木赛马节。张启民摄影

辽阔任马跃。2002 年的锡林郭勒夏季赛马。

2004 年乌兰巴托的长距离赛马。

1999 年鄂尔多斯沙地赛马。

2017 年阿鲁科尔沁旗的牧民自发组织赛马。

2018 年呼伦贝尔西博山下的赛马。

2011 年黑龙江杜尔伯特蒙古族自治县的场地赛马。

2013 年青海乌兰县祭敖包之后赛马，远处是京藏铁路。

2011 年青海海西州那达慕的走马比赛。那仁居格摄影

东乌旗女骑手。2000 年

2017 年肃北县石包城乡那达慕赛马。佟格勒格摄影

2013 年西乌旗冬季赛马。有人认为冬季让马出汗再自然冷却是很大的伤害。

2006 年呼伦贝尔冬季赛马。

2010 年新疆禾木喀纳斯冬季那达慕赛马。陈岭摄影

赛手风采。2000 年

追逐。2006 年

左上：马上倒立。1997 年
右上：乘马斩劈。文凯摄影
左下：马上拾物。1997 年
右下：飒爽英姿。1997 年

左：2019 年第十一届全国少数民族传统体育运动会马上项目比赛在呼和浩特进行。鹰鸽摄影
中上：马上双杠。文凯摄影
中下：2016 年青海海北州首届那达慕马术表演。秦建文摄影
右上：20 世纪 50 年代传统马球赛。文凯供图
右下：2009 年科左中旗珠日河牧场的马术表演。戴白古拉摄影

这位 2 号选手正好获得第二名。2006 年

赛完要遛遛马。2006 年

感受马背。
左上：2004 年蒙古国国庆那达慕。
左下：2006 年东乌旗那达慕。
右：1999 年鄂尔多斯马奶节。

左：蒙古国驯马手（骑手）联合会会长达瓦夫调教出来的马获得多次国家级大赛冠军。他的帽子上有三个马头、一个帽徽，飘带上印着获得冠军次数的金牌图案等。2019 年
右：蒙古国一位牧民为自己多次获奖的白马画像留念。2013 年

跟冠军马合影。2013 年

乌兰巴托的孩子们在跳骑马舞。2013 年

上左起至右：全国劳动模范、东乌旗牧民小伊达木也是一名好骑手。　他家的骏马要参加苏木里的那达慕比赛，要煨桑祈福。　还要梳理按摩一下提提精神。
下左起至右：告知要领，小骑手是他的孙子。　比赛当天挂号布。　获得冠军。2000 年

我有站功。你迷我眼睛了。2008 年

左上：匈奴骑马武士铜像。
孔群摄影

右上：匈奴人阿提拉（右二骑红马者）在听探子汇报军情。公元433年，阿提拉成为匈奴国王，之后他率众进入多瑙河以及巴尔干地区，一度非常强盛。

左下：中国革命军事博物馆陈列的“胡服骑射”复原模型。

右下：2006-9期《民族画报》刊登的大型专题摄影报道。

乌兰巴托以东数十公里处的成吉思汗巨型塑像，底座是博物馆。2015 年

新疆巴州和静县画家林岱作品《渥巴锡汗率土尔扈特人东返图》局部。

通辽市博物馆陈列的僧格林沁与大沽口战役油画（局部）。

位于乌兰巴托市的蒙古国英雄苏赫巴托尔塑像。2013 年

1950 年内蒙古骑兵二师（阿思根在哲里木盟组建）参加了国庆阅兵式，这是白马方队在行进中。孟昭瑞摄影

新中国成立初期训练中的内蒙古骑兵。三图均引自《内蒙古骑兵》画册。

左上：骑兵一营在内蒙古自治区成立 60 周年庆典排练中。2007 年
右上：中国目前仅存的两个骑兵营均在内蒙古，这是二营。2006 年
右下：内蒙古阿尔山市女骑警。2005 年

四、射箭

射箭提升了打击力度
弓箭催生弩机和枪炮

比步兵快的是骑兵，比骑兵快的是弓箭。在近距离角斗之前早有飞箭过来，置敌人于死地。如果在马上射箭，这个过程会更提前。古代蒙古族人的箭镞可以飞到数百米外，有各种功能的箭头。力量、速度和准确性决定着杀伤力的大小，所以要比赛，要强化。和平时期的狩猎同样需要箭术。出猎既是寻求食物和除害的需要，也是娱乐和演习的一部分。骑马和射箭是速度与威力的完美结合。蒙古士兵可以正面射箭，也可以转身向后射箭。延伸力量的方式还有投掷“布鲁”——一种弯型木棒，宽窄粗细不一，有时在末端系铜制或铅制坠物以加强打击力度，几十米内投向猎物如兔子、野鸡等，可令其倒下并被随即赶上的猎狗按住，如今成为比赛项目。

射箭是借助弓的弹力将箭射出，在一定的距离内产生杀伤力，分为射远、射准。最早用来狩猎捕鱼，之后用于战争，再后又成为体育运动。它的产生年代很难细考，很多国家都有自己的记载。在蒙古高原上的很多岩画里都有射箭的图案。由于弓箭具有强大的杀伤能力，增加了人类征服自然的威力和自信。与马的驯服使用一样，延伸了人类的想象和能力。

在箭的基础上还发明了弩，它又比弓先进了一步。一个是训练时间短，二是对较小目标的命中率比弓箭高。弩的发明成为枪机的前身，为后来枪炮的诞生做好了准备。

射箭的故事非常传奇。

传奇一：成吉思汗弟哈萨尔有七子，次子为移相哥（yisüngge）大王，自幼就在成吉思汗身边，长大后以高超的箭术著称。1225 年成吉思汗灭亡花剌子模（萨尔塔兀剌）后班师，蒙古各部首领帅大军会师额尔齐斯河上游之不哈速只忽，举行盛大庆宴。在那达慕项目射箭中，移相哥射出 335 庹（aldas，两臂伸展长度），正中靶心，创惊人纪录。成吉思汗降旨刻碑，以示纪念，碑流存至今。1818 年，俄罗斯考古工作者在额尔古纳河西支流乌龙留贵河上游的哈萨尔后裔齐王府遗址附近发现该碑。碑长 200 厘米，宽 65 厘米，厚 22 厘米，用回鹘蒙古文镌刻。译文为“成吉思汗讨掳萨尔塔兀剌还师，大蒙古国全体那颜会聚不哈速只忽之际，移相哥射，矢中三百三十五庹。”现藏于俄罗斯圣彼得堡市艾尔米塔什博物馆里。

传奇二：元代建造的北京白塔寺落成之时，忽必烈皇帝前来视察，需要确定寺庙周边留多大地方？皇帝曰：向东西南北各射一箭，箭落之处便是预留空地。

传奇三：成吉思汗在一次战斗中被箭射伤，射箭手主动承认是自己所为。大汗不仅没有杀他，还留在身边做护卫兵。

传奇四：《蒙古秘史》记载，哲别（者别，别速惕氏，意为箭镞），原名只儿豁阿歹，臣服于铁木真后被赐名哲别，有蒙古帝国第一猛将称号，亦是成吉思汗四先锋之一。

传奇五：著名的《折箭教子图》取材于《蒙古秘史》，成吉思汗的先祖阿阑豁阿看 5 个儿子相互猜疑，便集中在一起，递给每人一支箭令其折断，众人轻易折断；再把 5 支箭捆在一起令其折，无人能断。母亲说，你们单独时就很容易被欺负被消灭，团结起来无人能敌。从此孩子们凝聚一心，终成大业。

弓箭用多种材料制成，体积大、拉力强，没有很大的力气根本拉不开，遑论射远、射准了。仅此一条就足以考验所有的男人了。站着拉弓如果还凑合的话，那马上双手离僵，保持平衡，再把箭射到地方，几人行?

现存的很多绘画、雕塑作品里，英雄人物除了骑马就是射箭状，或者兼而有之。狩猎图中多有骑马射箭，可见是当时的“标配”。如今著名的科尔沁部落便是成吉思汗弟弟哈萨尔封地，哈萨尔以擅射著称，其后裔和部属以箭筒士、射箭手（好日沁、苏日沁）自称。哈布图・哈萨尔，又作哈斯尔、哈撒儿、合撒儿、拙赤合撒儿、搠只哈撒儿等，均为音译。成吉思汗弟，以勇猛善射著称，他协助铁木真灭掉了强大的克烈部；参加著名的“十三翼之战”；打败乃蛮部；蒙古国建立后他分得

4000户百姓，封地额尔古纳、海拉尔一带（1214年）。后来又参与攻取金国，合围金中都（今北京），使金国称降。他1164年生，约1219年卒。其后裔和部属们以此为荣，自称为“科尔沁部”，如今科尔沁地区相传是他的封地，火儿赤，意为“弓箭手、箭筒士”，是汗廷卫士的职务名称。哈萨尔擅射，与其子移相哥统领蒙古汗廷中的箭筒士，故后裔和所属部落得名科尔沁。呼伦贝尔的额尔古纳市境内有哈萨尔古城遗址。由此西迁的一些部落如四子部落、茂明安、乌拉特（乌喇特）、和硕特等也有关于哈萨尔后裔的记载，达茂旗如今保留着祭祀哈萨尔的场所和仪式。

与科尔沁连带的还有哲里木盟、通辽市、科尔沁文化、科尔沁地区等词汇。清朝实行盟旗制时定名为科尔沁左翼3旗、右翼3旗，加郭尔罗斯前旗、后旗；杜尔伯特旗；扎赉特旗形成了嫩科尔沁10旗，因其驻牧于嫩江流域，故名嫩科尔沁，嫩江是内蒙古东部最大的河流。这10旗的札萨克和王公贵族均为哈萨尔后裔。该10旗会盟地在哲里木山（今科右中旗），故称哲里木盟，“科尔沁”之名在明朝汉译为好儿趁、火耳趁、火儿慎，清代译廓尔沁。

根据史料记载，科尔沁诸部最早驻牧于额尔古纳河、海拉尔河、呼伦湖流域。北元时期驻牧于额尔古纳河、鄂嫩河流域的科尔沁部逐渐强大。其一进入嫩江流域的称嫩科尔沁，是哈萨尔十四世孙奎蒙克（奎猛克、魁猛可）的嫡传部落。到其孙辈时，又分出郭尔罗斯、杜尔伯特、扎赉特等部。1636年以后哲里木盟的地域包括今科左中旗、科左后旗，兴安盟，黑龙江省杜尔伯特蒙古族自治县、大庆市、安达县、林甸县、泰来县、肇东县、肇州县、肇源县，吉林省白城地区、长春市、四平市、农安县、德惠县、双辽市、梨树县、公主岭市，辽宁省康平县、昌图县、法库县、彰武县的全部或部分。锡埒图库伦札萨克喇嘛旗（简称库伦旗）是内蒙古地区唯一的政教合一旗，即旗札萨克本身就是喇嘛，曾经隶属于卓索图盟。1946年兴安盟自哲里木盟分出。1946年库伦旗、奈曼旗、通辽县、开鲁县划入哲里木盟。1947年扎鲁特旗划入哲里木盟。阿鲁科尔沁旗（阿鲁好尔趁、阿噜科尔沁）是成吉思汗弟哈萨尔后裔昆都伦岱青所辖，为区别于奎蒙克的嫩科尔沁部而称今名。

射箭之重要，及于人名、及于地名、及于部落名称……大莫如此。

左：中国社会科学院研究员青格力考察移相哥碑文。
中左：甘肃肃北蒙古族自治县境内的岩画里有射箭图案。

右上：漠西蒙古英雄阿玉锡持矛荡寇图。
右下：蒙古人围猎。

《折箭教子图》雕塑，鄂尔多斯。2010 年

画家超鲁作品《折箭教子图》。

左：英国版《成吉思汗的故事》。 右上：骑马射箭。 中下：元代刘贯道画《元世祖出猎图》局部。 右下：英雄史诗《江格尔》插图。

左：位于吉林前郭尔罗斯蒙古族自治县的哈萨尔像。2017 年
中上：蒙古国肯特省成吉思汗出生地的铁木真博物馆。2013 年
中下：黑龙江杜蒙县哈萨尔祭祀宫广场。2017 年
右：蒙古国一个祭祀地的路标。2004 年

上：20 世纪 50 年代蒙古族传统射箭。文凯供图
下左：女射箭手乌日哲、扎拉嘎。文凯供图
下右：1981 年北京那达慕的射箭比赛。

呼伦贝尔 85 岁的嘎拉申尼玛是参加射箭比赛的最年长选手。2018 年

左上：2018 年四川那达慕射箭比赛。其力木格摄影

左下：2018 年第二届海上那达慕射箭比赛。苏娜摄影

右上：2007 年新疆博尔塔拉蒙古自治州赛里木湖畔。乌兰供图

右下：2017 年肃北县石包城乡那达慕射箭比赛。佟格勒格摄影

左：鄂尔多斯女射手。1999 年

右上：2008 年东乌珠穆沁旗那达慕的射箭手。通拉嘎摄影

中上：骑驼射箭比赛。其力木格摄影。2017 年

右下：2018 年北京那达慕。

左：从小开始。2011 年
右：弓箭之后是弩机的发明，弩机之后是枪炮时代。2010 年

五、全景那达慕

那达慕搭台
大家来唱戏

那达慕是个巨大的平台，具有无限解读的空间，任你从政治、经济、人文全方位观看，无不充满积极意义；同时它还具有无限发展的空间，任你往里与时俱进，添加内容，包容无拒，海量吸纳。

蒙古象棋也是生存哲学的集大成。

蒙古象棋蒙语称为“沙塔拉、喜塔尔”，一说是阿拉伯“沙特拉兹”的转音。一说形式、走法、规则接近国际象棋，一说国际象棋来源于蒙古象棋。看看蒙古象棋的内涵，里面充满了游牧理念。

棋子分白黑两种，共 32 个，双方各有一王、一帅、双车、双象、双马和八个小兵。不同的是，蒙古象棋把象刻成骆驼，把小兵刻成猎狗的形象，有的小兵是搏克手，体现游牧生活特色。马无限制，如同在草原驰骋；不允许吃光对方，要给对方留一子，不把事情做绝；不得最后将死对方的官长；王、将等都可以出去，并非自己围在城里，也可以说是自己带头冲锋。小卒冲到底就成为车、马、炮，暗示人可以升格，打破终身制。多种情况可成和棋。

据《绥远通志稿》记载，蒙古象棋“以小木雕成各种模型。计诺彦二。狮虎各一。驼马各四。车轮二。宝盆二。小狮八。小虎八。共计三十二枚。弈时，双方各持十六枚。一方为诺彦、狮、驼、马、车轮、小狮。一方为诺彦、虎、驼、马、宝盆、小虎。两方公涂红黄二色。用方纸画为六十四格。各占三十二格。弈法：置棋子于方格中间，后行八格中，二格置诺彦与狮子。左右置驼、马、车轮。前八格各置小狮一。对方布置亦如之。对弈时谁先走谁后走，没有一定规矩。官长或右、或左、或前，只走一步。狮与虎左右前后斜可走八面。驼向前斜面。马走拐格。车轮、宝盆如象棋之车，可走前后左右。小狮、虎向前走一步，若走至对方底格，即可当虎狮之用矣。以困死一方诺彦为终局，其中运用无穷。”《桥西杂记》载，蒙古象棋的棋制和着法是：“局纵横九线，六十四格。棋各十六枚：八卒、二车、二马、二象、一炮、一将，别以朱墨，将居中之右，炮居中之左，车、马、象左右列，卒横于前，棋局无河界，满局可行，所谓随水草为畜牧也。其棋形而不字，将刻塔，崇象教也。象改驼或熊，迤北无象也。卒直行一至底，斜角食敌之在者，去而复返，用同于车，嘉有功也。马横行六，驼可斜行八，因沙漠之地驼行疾于马也。车行直线，进退自由。群子环击一塔，无路可出，始为败北”。

开始在蒙古贵族和寺庙里的喇嘛中盛行，到十三世纪中叶，成吉思汗征战东欧时，由于军中训练和娱乐的需要，在士兵中广为普及，成吉思汗也经常与他的士兵们对弈切磋棋艺，称之为“文体活动之首”，此后在民间流传，连很多妇女和儿童都以此对弈为乐。1989 年举行的内蒙古自治区第二届少数民族传统体育运动会把蒙古象棋列为正式比赛项目。蒙古象棋里的文明元素尚待被广泛地认知，发展空间很大。

服饰比赛、儿童会话极大地发挥了妇女少儿的积极性，也使男子三艺的刚健特征增加了柔和色彩与趣味，尤其是在城市里，少儿们说母语的机会减少，创造机会复苏是必要的。商业一条街、饮食一条街的形成是自然的，看比赛的间隙可以购物、参观、吃喝，品尝地方特产乃至国外美食，购物乃至预定，蒙医就诊、书法展览、图书展示、选购首饰等都是大受欢迎的项目。开幕前的祭敖包、重要人物讲话、表彰先进、彩车游行、文艺表演等等充满了仪式感和庄重感，广播里传来的美妙音乐与那达慕构成了欢乐的海洋。人们三三两两地，老友重逢，新人相见，孩童奔跑，艺术家们感慨着，草原沸腾了。

如今官方强力介入推动，使得那达慕成为综合大集，贸易洽谈、研讨学术，让媒体们忙的乐此不疲。最新提出的理念、口号、精神要点等也以新闻、标语、讲稿等形式适时传达。

中国是多民族国家，民族多文化就多，文化多生活就丰富多彩，多文化之间互补共进，形成更大的文明主体，文明再作用于物质生活、精神世界。各美其美，美美与共。

共祝安好，祈福大同！

乌拉特中旗的哈萨尔广场上有石雕蒙古象棋。2013 年

左上：木刻蒙古象棋。　右上：内蒙古博物院藏品。　左下：羊骨象棋。　右下：铜质蒙古象棋。

左：锡林郭勒青年制作的微型蒙古象棋。2013 年
中上：20 世纪 60 年代的蒙古象棋比赛。额博供图
中下：在鄂尔多斯进行的蒙古象棋比赛。2010 年
右上：呼伦贝尔草原上的蒙古象棋比赛。2010 年
右下：蒙古象棋规则充满了游牧生活色彩与生存哲学。2010 年

2010 年东乌珠穆沁旗冰雪那达慕的赛驼。通拉嘎摄影

2018 年阿拉善英雄会骆驼文化旅游节。韩宝花摄影

2008 年呼伦贝尔赛驼。

巾帼不让须眉。2010 年

紧跟。2010 年

左：鄂尔多斯赛驼。2010 年
右：2007 年东乌旗驯驼。戴白古拉摄影

2009 年东乌珠穆沁旗那达慕上沙嘎弹射比赛。通拉嘎摄影

2008 年蒙古国的选手们比赛打沙嘎。哈布尔摄影

沙嘎成为造型元素。2017 年

沙嘎的造型。2013 年

蒙古国民族博物馆藏品。2013 年

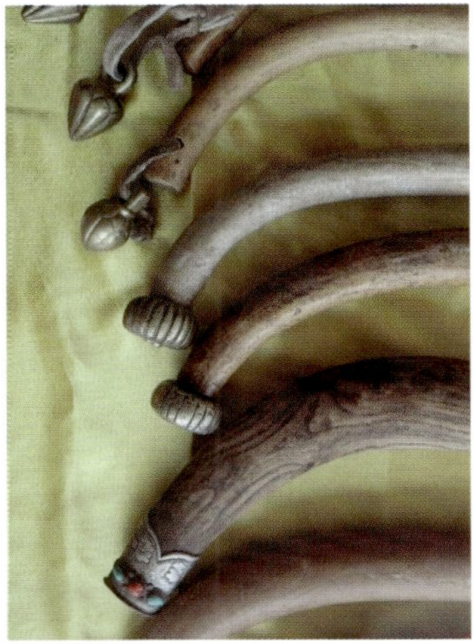

布鲁曾经是狩猎工具，如今成为娱乐活动。
左起：鄂尔多斯。2010 年
鄂尔多斯。1999 年
阿鲁科尔沁旗。2017 年

左：打牛骨也是考验布里亚特蒙古族男人力量和技巧的形式之一。2010 年
中：2006 年呼伦贝尔冬季那达慕上的打断“瑟日”（牛骨）比赛。常胜杰摄影
右：用手的力量辅以冻脆打断牛脊骨。2006 年

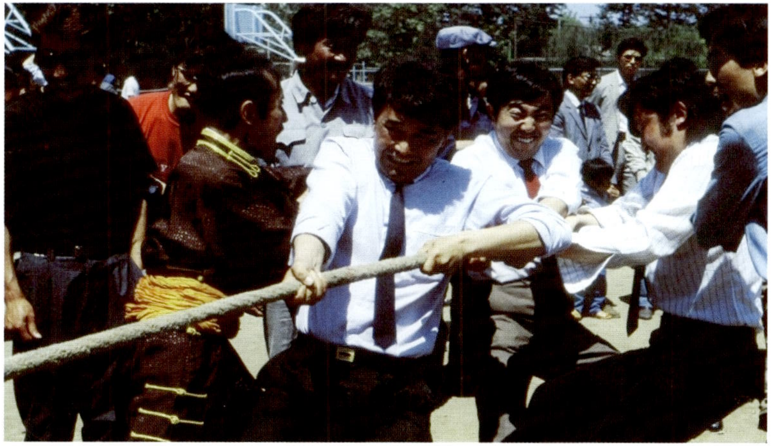

左上：2009 年东乌珠穆沁旗那达慕上拔河比赛。通拉嘎摄影
左下：1990 年北京那达慕拔河比赛。
右上：2016 年肃北县石包城乡那达慕拔河。佟格勒格摄影

左上：2007 年青海海西州那达慕妇女搓驼毛绒线比赛。杨林那青摄影　右上：西乌旗那达慕缝蒙古袍扣子比赛。2008 年

左下：2017 年首届乌拉特国际骆驼文化节削骆驼鼻棍比赛。嘎如迪摄影　右下：2017 年搓驼毛绳比赛。达姑拉摄影

左：西乌珠穆沁旗那达慕上的提水比赛。2008 年
右：2008 年捡牛粪比赛。

左：北京那达慕的儿童蒙古语会话比赛是城市那达慕的一个亮点。2008 年
右：2013 年西乌旗少年在知识竞赛中获奖。

2011 年奈曼旗滑沙子比赛。却吉摄影

2011 年奈曼旗摩托车场地赛。却吉摄影

2010 年新疆禾木喀纳斯冬季那达慕古式滑雪。陈岭摄影

2010 年新疆禾木喀纳斯冬季那达慕锯木比赛。陈岭摄影

2010 年鄂尔多斯首届国际那达慕押加比赛类似单人拔河。

左上：鄂温克族抢枢比赛。2010 年

左下：2007 年新疆巴州蒙古族“古吉尔”（纸牌）比赛。

右上：滑雪项目也加入冬季那达慕。2013 年

右下：2010 年鄂尔多斯国际那达慕朝鲜族秋千赛。

两图：2013 年西乌旗冬季那达慕毛毡制品比赛。

1997 年的时尚。

那达慕上的鄂尔多斯羊绒产品彩车。1997 年

2005 年新疆巴音郭楞蒙古自治州东归那达慕展示土尔扈特服饰。确・胡热摄影

2013 年青海海西州第六届那达慕入场式。秦建文摄影

2013 年西乌旗冬装。

左上：2006 年东乌旗妇女们在那达慕上交谈。

左下：鄂尔多斯服饰。2008 年

右上：参加聚会的布里亚特妇女。2010 年

右下：西乌旗苏雅拉其其格、巴德玛展示服装手艺。2013 年

2012 年二连浩特举办的中俄蒙民族服装节上参赛的蒙古国姑娘。

2016 年北京那达慕上跳“萨吾尔登”舞的人们。

2008 年那达慕上的正蓝旗姑娘。

2018 年北京那达慕上的民族服饰赛。

那达慕也是养眼的时光。2018 年

左上：凉快是硬道理。2000 年
左下：流行松糕鞋。2000 年
中：全副武装防晒。2018 年
右：扎鲁特旗服饰队。2018 年

2008 年中俄蒙三国布里亚特人那达慕。常胜杰摄影

现代服装设计融入骑兵甲胄元素。2012 年

2006 年满洲里市中俄蒙三国模特比赛。

左：那达慕上还有烤全羊。2013 年

中：2008 年青海海西州那达慕的品尝白食。杨林那青摄影

右：2017 年巴彦淖尔那达慕上品尝驼肉。其力木格摄影

“吹”。1998 年

雪地冰啤，里外都酷。2006 年

在蒙古国参加那达慕必定要吃“火烧”（肉饼）。2013 年

2012 年俄罗斯布里亚特共和国那达慕品尝酸马奶。常胜杰摄影

2018 年锡尼河畔那达慕的午餐。

2012 年布里亚特那达慕上展示白食红食。常胜杰摄影

2017 年科左中旗珠日河牧场那达慕的大锅肉粥。戴白古拉摄影

2012 年那达慕之后贝加尔湖畔的午餐。常胜杰摄影

1982 年拉苏荣、额尔德其木格为北京那达慕演唱。

1981 年哈扎布在首届北京那达慕为观众演唱。

2011 年青海海西州蒙古族那达慕。那仁居格摄影

2009 年北京那达慕上学生们在跳安代舞。

2012 年俄罗斯的布里亚特人在那达慕上演出。常胜杰摄影

2010 年鄂尔多斯首届国际那达慕附带音乐节。

1991 年呼伦贝尔那达慕的演出。

2018 年成都那达慕上演奏交响乐。其力木格摄影

2009 年科左中旗珠日河牧场那达慕的马头琴表演。戴白古拉摄影

1997 年内蒙古自治区成立 50 周年那达慕时费翔和乌日娜骑马演唱。

2010 年首届鄂尔多斯国际那达慕上的马头琴表演。

2006 年东乌旗满都宝力高苏木那达慕的夜晚演出。

2018 年北京那达慕开幕式上的哈萨克族舞蹈。

2018 年北京那达慕开幕式上的维吾尔族舞蹈。

科左后旗乌兰牧骑演员在那达慕现场表演顶碗舞。2015 年

2018 年通辽歌舞团专场演出。

马头琴大师齐·宝力高领奏《万马奔腾》。2018 年

库伦旗学生在旗庆那达慕上跳安代舞。2009 年

通辽歌舞团方队跳着安代舞步入北京那达慕会场。2018 年

那达慕的夜晚。2006 年

中央民族大学舞蹈学院学生在 2018 年北京那达慕晚会上表演《奔腾》。

锡林郭勒的百马实景演出。2015 年

左：蒙古国那达慕上展示新型蒙古包。2013年
右上：2013年中国西部那达慕及经贸洽谈会。
王麒摄影
右下：2018年北京那达慕上通辽市人民政府展示特色经济。

2000 年那达慕时的套圈游戏。

2000 年东乌旗巴音呼布尔苏木那达慕。

来自新疆博尔塔拉蒙古自治州的商户。2018 年

2000 年东乌旗巴音呼布尔苏木那达慕的商业一条街。

全国人大代表、牧民企业家吴云波带来特色产品。2018 年

尝尝库伦旗的苦荞茶。2018 年

那达慕的小摊。2006 年

商业一条街人气很旺。2018 年

2018 年成都那达慕商业区。其力木格摄影

2017 年“一带一路 · 乌拉特骆驼文化与发展战略国际学术研讨会”。其力木格摄影

第二届海上那达慕《草原与海》研讨会 2018 年在广东惠州召开。苏娜摄影

2011 年青海海西州举办的蒙古马文化研讨会。那仁居格摄影

有关蒙古马的话题持续成为热点。2019 年

1982 年扎鲁特旗那达慕展示进口种牛。

煤矿产业是 1997 年内蒙古的重要经济支柱之一。

那达慕的彩车是展示地区、行业、民族文化的最佳平台。1997 年

1997 年的包钢彩车。

1997 年在呼和浩特赛马场举行的庆祝内蒙古自治区成立 50 周年那达慕大会上，鄂温克族的驯鹿方队入场。

2013 年乌兰巴托赛马节的巨型马头琴。

2000 年东乌旗巴音呼布尔苏木那达慕上表彰劳动模范。

2013 年青海海西州第六届那达慕展示迁徙。秦建文摄影

雪橇出现在 2006 年呼伦贝尔冬季那达慕上。

2016 年《江格尔》动漫人物造型方队。

2015 年北京巴音浩日娲方队。

2018 年北京那达慕上的蒙古文书法展示。

2013 年西乌旗冬季那达慕的室外摄影展。

2015 年东乌旗那达慕上的马鞍展示。吴运生摄影

2006 年东乌旗那达慕上的微型博物馆。

2018 年四川成都那达慕开展民族医药义诊活动。其力木格摄影

2008 年呼伦贝尔那达慕上评选良种马。

2000 年东乌旗巴音呼布尔苏木那达慕。

2012 年俄罗斯布里亚特共和国那达慕上展示的各地工艺品。常胜杰摄影

从参加那达慕的汽车可以看出经济发展的脉络。2000 年东乌旗巴音呼布尔苏木那达慕。

从参加那达慕的汽车可以看出经济发展的脉络。2018 年鄂温克族自治旗巴彦汗嘎查那达慕。

编 后

为什么要做这样的书？

常常有朋友问我，到草原去，如果只看一本书的话看什么？那达慕是什么意思？乌兰牧骑是什么意思？呼和浩特、乌兰浩特、锡林浩特是什么意思？敖包和蒙古包是什么意思？我非常理解这样的诉求，我可以慢慢给他解释，但我不能给千万个读者当面解释，于是书本的力量就显示出来了。

我到各地采访、旅行，也是希望看到一本比较概括的书籍，因为无法读完更多的书。在时代的裹挟下，我们的生活节奏很难慢下来，只好在有限的时间里把该了解的快补一下，在有限的篇幅里把该说的话阐释出来。《蒙古秘史》、各种版本的成吉思汗传记，各盟、市、旗、县地方志，各种民俗地理专著专史等显然不能在短时间内读完，一些通俗版本的指南类书籍或欲言又止，或误读草原。网上的信息足够多，但局外人难以辨析正误。就相对弱势的族群而言，准确沟通的紧迫性更为突出。因此，怎样进行简短高效客观的交流就成为重要的课题，以我的工作经历看，图文书是有效途径之一。本书的图片有500幅，除署名外均为我拍摄或收集。

这本书与我此前出版的摄影画册《蒙地色彩》《游牧色彩》《写意草原》和图文书《游牧精神》《蒙古人马情》等一样，都是用摄影图片阐释蒙古游牧文明的尝试，是“蒙古游牧文明”的视觉化系列表达，构成了摄影者对“记录当下”的具体实践。当今社会，人们的物质和精神需求增加，交流沟通的必要性紧迫，传播与对话方式与时俱进，是产生本书的最大动力。快节奏时代需要了解那达慕的概要，再亲临体会，将是非常幸福的旅程。

根据中国民俗学家乌丙安教授专著《民俗学原理》的论述，民俗的构成是由“民俗质”（基本元素，听觉视觉感觉到的任何材料）构成“民俗素”（要素，一个民俗单位，单项的礼仪或表达形式），由许多民俗素构成“民俗链”，有饮食链、婚俗链、祭祀链等，由民俗链构成民俗系列，有渔业民俗、游牧民俗、农耕民俗、工匠民俗、商贸民俗等 48 个系列，再把 48 个系列概括为 12 个系统。“民”是“俗”的载体。民俗事象会形成民俗象征符号，或曰民族文化符号，符号传递着、交流着极为丰富的、或明或暗的文化密码和信息，符号的传递过程会使人产生联想，符号是高度浓缩的文化。“那达慕”就是一个极其浓缩的、内涵丰富的符号。根据乌丙安教授的理论，一只乌鸦本来是普通动物，因其黑暗的颜色、沙哑的声音令人产生不适，于是便赋予了不祥不安的意义。而高昂向上、俊俏挺拔、奔跑如飞、忠诚达理的蒙古马就具有了怎样赞美都不过分的积极特征，这匹马就是“民俗质”，由此递次构成文化，进入人们的精神世界。我们通常说的“蒙古马文化”即是。

中国社会科学院学部委员朝戈金教授说，我们认识和把握这个无穷世界的方式迄今主要有两种，那就是科学的方式和艺术的方式。很难说那些看似客观的、科学的、用数字或实验说话的方式，一定就比艺术的方式更为真实、更为深刻、更能看到趋势和方向，特别是，更为洞悉人的心灵。这里定格了的各个瞬间，让我们看到了色彩、线条、光影、构图，看到了 20 世纪后半叶到今天这段时间内，这个被称作蒙古的民族，以及这个民族中的一些杰出的代表，如何以这样那样的方式，留下了难以磨灭的印痕……有些相会渐次模糊和褪色，隐入历史天幕的深处；有些则历久弥新，如巍然耸立的丰碑，令后人追怀不已。

作家和画家席慕蓉说：“在 21 世纪，我也许不能预知蒙古高原会有些什么特别巨大的贡献和影响，也许，一般人总会多往经济或者科技方面去追求，但是，我认为，蒙古高原的存在，有远比这些追求更为重要的价值……蒙古高原在某种意义上来说，其实不只是北亚游牧民族的家乡而已，她更是人类在地球上最后仅存的几处原乡之一了。”

本书有哪些特点？主题是鲜明的；表达形式是直观的；关注时间近 40 年；拍摄地区包括中、蒙、俄三国；编辑手法独特，形式新颖。彩色印刷保证了生活色彩的还原，横开本的形式受到了经书、笔记本电脑的启发，图文并茂适应了读图时代的需求。

怎样认识草原和游牧文明？蒙古高原是个非常漫瀚的概念，就自然而言，包括了山川、丘陵、森林、河湖、湿地、沙漠、戈壁、草原等多种地理形态；就人文而言，如今有科尔沁、喀喇沁、乌珠穆沁、乌拉特、土尔扈特、布里亚特、巴尔虎等多个部落，语言习俗服饰等各异，某个习俗不一定代表全体；就其游牧足迹而言，东起大海，西到天山；南抵阴山，北至西伯利亚；以曾经的版图论，更是对世界格局产生了巨大影响，很难不留下历史痕迹，有学者研究，欧洲当今的很多习俗来源于游牧生活，比如吃饭用刀叉、喜欢肉食和奶制品、喜欢大自然尤其是绿色环境，崇尚英雄，性格直爽坦荡；就时间而论，游牧文明上接狩猎文明，携手农耕文明，其间数以千年计，什么样的习俗都有可能变化或融入他族元素。因此，所谓“传统”、“习俗”是动态的、相对的。

有些地方去一次就够了，但草原不行。

草原的经历时刻在提醒着人们，世界是美的，美是脆弱的，美是多种元素组成的，其中一些是需要“保护并使用着”的。

长生天把草原赐给了蒙古人，其实也是赐给了全人类。草原不仅是物理、生物空间，更是我们的精神家园。

蒙古、草原、游牧……这些词汇多少伴随着古老、神秘、魅力等字样。在现代化的飞速进程中，这些词汇所包含的历史韵味非但没减弱，反而越发吸引人们要重新认识。随着考古的新发现，随着历史观的更新，一个古老民族的身影和伴随着它的文明影像也就越发清晰起来。这里不是叙述一个民族与另一个民族在服饰、饮食等方面的异同，也不是简单介绍某个独特的习俗，而是思考一个民族对人类文明和生态环境的贡献，以及一个古老民族在当今社会发展进程中所显示的积极意义。

狩猎文明，农业文明，游牧文明，城市文明……都依托一方水土，伴随一个或多个时代，哺育一个或多个族群，它们只有不同，无分高低。自然景物茂盛处也并非蛮荒之地，满眼的色彩与人文历史交相辉映，和谐共生，源远流长。阅读民族史，其实也是在读人类历史。游牧文明是人类历史的承上启下者。游牧和农耕同样是“靠天吃饭”，但方式和结果不一样。

历史是没有任何固定的起点的。无论你上溯多远，你总还可以再上溯。

而在看得见的事实之后便是一些由传说、推测组成的“物证”，历史显出朦胧状态。对蒙古史而言，就因为年代久远，名称变化多，文字和遗存物件少而使游牧民族的历史变得混沌甚至迷失。同样让人困惑的，还有后人的形形色色的解读。但游牧民族的文明的精华部分却在蒙古人中世代相传，乃至影响到其它族群，保留到今天。

游牧或者生活生产方式会变，但文明的内核会传承。

有些人和事是蒙古独有的：世界上唯一竖写的文字；综合了实用与建筑学美学原理的蒙古包；集合力量与技巧的套马；欢乐盛会那达慕；蕴含生存哲学的搏克；与国际象棋同理的蒙古象棋；好听的长调与马头琴；震撼世界的蒙古骑兵；以万物崇敬为核心理念的信仰文化；千年伟人成吉思汗……

这些文明的云朵漫布在草原和蓝天上，时常随季风飘向别处，时隐时现，似无却有，悠悠远远，绵绵长长，空气般萦绕在我们的生活中。

如果认为草原上空空荡荡仅有辽阔就很难解释根植于其上的蒙古游牧文明怎样产生了。所以，看到草原之广也要细究内涵之深。事实上，能够让草原持久绿色的内因正是游牧文明的核心价值：和谐、包容、适度索取；乐观、智慧、坚韧向前。这些内涵可以从他们的物质和精神生活包括那达慕中得到答案。

蒙古游牧文明的核心内容之一是感恩。感谢长生天，牧人们会常态化的敬天地、敬祖先，各种祭祀仪式充满了感恩的内容。在家里也是这样，布里亚特蒙古人的孩子们在未识字之前可以背诵出上十代祖先的名字；蒙古族口传文学和音乐艺术中也充满了感恩致谢。

感恩是动态的。每个时代都有美好的事情，每个地区都有美好的人。所以要感谢时代、国家、民族、环境、单位、同事、同道、朋友、亲人以及一切善良、美好、阳光、乐观。

感谢王继雄主任策划本选题并积极促成出版；感谢朝戈金学部委员做序点卤；感谢吾要、刘福勤、于渭东；感谢各位摄影朋友提供图片。书本也是“微型那达慕”，智慧与情感在此集中，与时俱进，与众俱乐。

巴义尔

2019 年夏

巴义尔，蒙古族，1957 年生于北京，内蒙古科左中旗人。《民族画报》原编委、蒙古文版编辑部原主任、高级记者。中国作家协会会员，中国摄影家协会会员（1991—2002 年为理事）。2006 年获中国摄影家协会授予的“突出贡献摄影工作者”称号。2015 年获中国期刊协会颁发的“从事期刊出版工作 30 年”荣誉证章证书。2016 年获国务院颁发的“政府特殊津贴”。迄今已发表文字类作品逾 400 万字和上万幅图片。有数百组专题摄影报道发表，其中多组获业内奖项并被转载、翻译。2018 年 6 月 16 日中国人民大学国学院、中国蒙古史学会联合主办《巴义尔蒙古写意——游牧文明的视觉化表达学术研讨会》。

专著

1.《蒙古写意——当代人物卷一》，1998 年，图文书，民族出版社。
2.《蒙古写意——当代人物卷二》，2001 年，图文书，民族出版社。
3.《蒙古写意——当代人物卷三》，2007 年，图文书，民族出版社。
4.《蒙古写意——当代人物卷四》，2014 年，图文书，民族出版社。
5.《蒙古写意・人物卷——陈志农画说老北京》，图文书，合编，民族出版社，2003 年。
6.《蒙古摇篮——额尔古纳》，2005 年，图文书，民族出版社，列入当年中宣部、文化部、新闻出版总署等 9 部委实施的《知识工程——中华全民读书活动》推荐书目。
7.《烙刻——记忆中的影像》，图文书，2006 年，作家出版社，2011 年经《像素》杂志评选，列入“中国摄影史上最值得收藏和阅读的 40 本书”之一。
8.《永远的骑兵》，2007 年，图文书，民族出版社，列入新闻出版总署纪念中国人民解放军建军 80 周年重点图书。
9.《呼伦贝尔大草原》，图文书，中央民族大学出版社，2010 年。
10.《满洲里》，图文书，中央民族大学出版社，2011 年。
11.《蒙地色彩》，摄影画册，486 页，中国民族摄影艺术出版社，2011 年。
12.《游牧色彩》，摄影画册，708 页，中央民族大学出版社，2015 年。
13.《纸媒贵族》，图文书，中国民族摄影艺术出版社，2015 年。
14.《蒙古人们》，摄影画册，中国民族摄影艺术出版社，2015 年。
15.《游牧精神》，图文书，辽宁民族出版社，2016 年。
16.《北京那达慕 35 年》，主编，摄影画册，北京那达慕组委会，2016 年。
17.《民族画报〈蒙古文版〉》画册，主编，民族画报社，2017 年。
18.《写意草原》，摄影画册，内蒙古文化出版社，2017 年。
19.《科尔沁》，图文书，中央民族大学出版社，2017 年。
20.《专题摄影十法》，图文书，中国民族摄影艺术出版社，2018 年。
21.《蒙古人马情》，图文书，内蒙古文化出版社，2019 年。
22.《那达慕》，图文书，内蒙古人民出版社，2019 年。